EXPEDITION NATUR

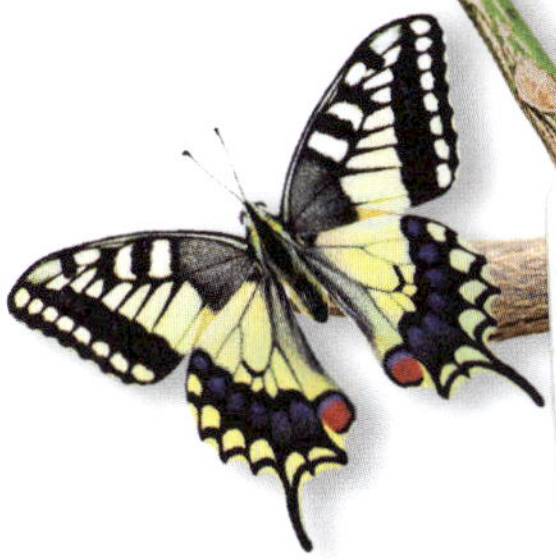

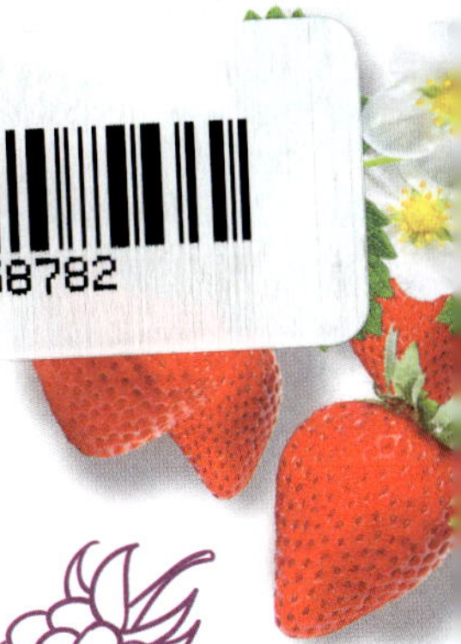

Anita van Saan

DAS GROßE Sommer-BUCH

FORSCHEN, BASTELN, ENTDECKEN

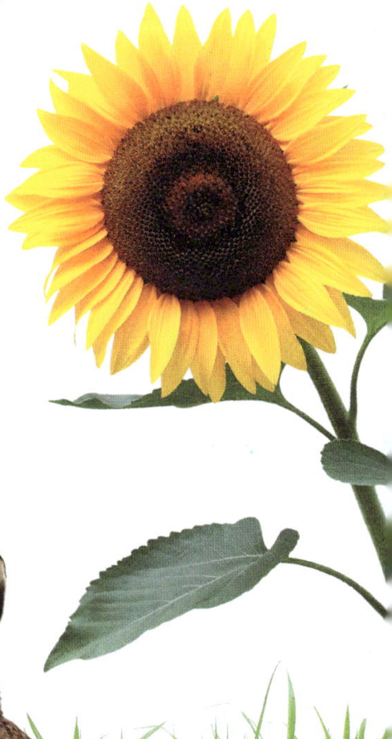

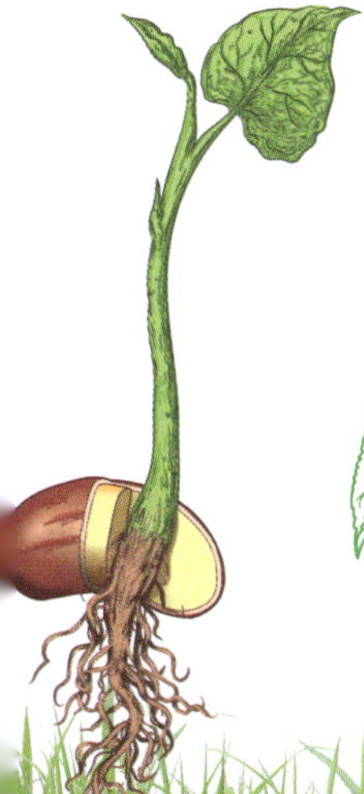

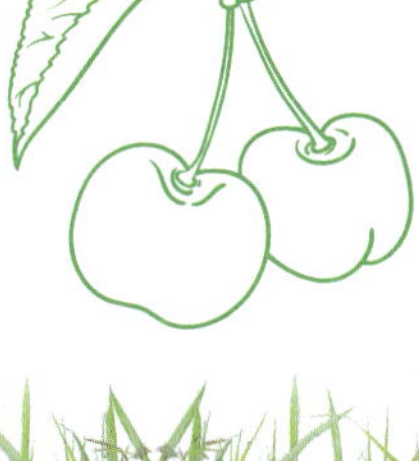

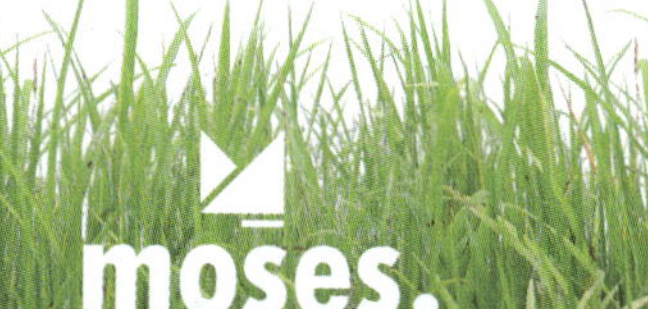

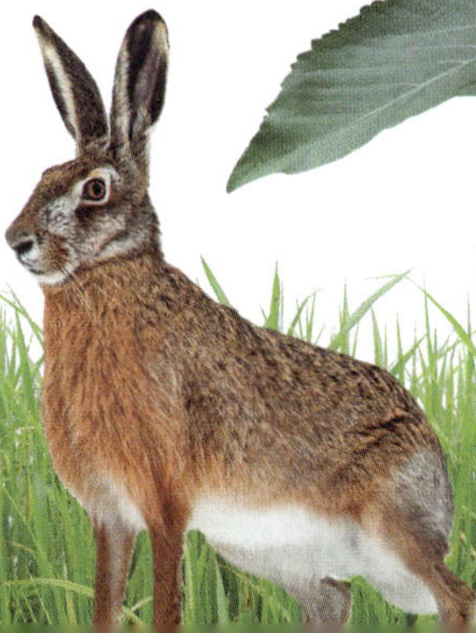

moses.

Ich heiße: ....

Ich wohne: ....

Mein Geburtstag: ....

Mein Lieblingstier: ....

Das mag ich im Sommer am liebsten: ....

....

....

Mein schönstes Sommer-Erlebnis: ....

....

....

Mein größtes Sommer-Abenteuer: ....

....

....

Meine Lieblingsfotos vom Sommer:

INHALT

DER SOMMER IST DA

Juhu! Die Sonne scheint, der Himmel ist blau, und endlich kannst du wieder draußen spielen!

Die Sommerluft ist warm, an manchen Tagen sogar heiß, doch unter dem grünen Schattendach der Bäume ist es auch bei Hitze angenehm kühl. Jetzt ein leckeres Eis schlecken … Mhm! Im Liegestuhl oder in der Hängematte ein Buch lesen und sich frische Salate, Erdbeeren oder Kirschen servieren lassen, was will man mehr? Vielleicht ein Bad im See oder am Fluss? Die Natur erforschen? Ja, auch das macht im Sommer Spaß.

Ob im Wald, im Garten, auf der Wiese oder an Bach, Fluss und See, jetzt gibt es überall etwas zu entdecken. Die Laubbäume lassen grüne Blätter sprießen und bilden ein dichtes Blätterdach, Blumen entfalten ihre bunten Blüten. Schmetterlinge, Käfer und Bienen schwirren umher, Vögel füttern ihre Jungen, Feldhasen und Kaninchen zeigen ihre langen Ohren und Fuchskinder gehen erstmals allein auf die Jagd.

Willst du Eidechsen beobachten, Libellen fotografieren, ein Bienenhotel bauen oder Sommergewitter erforschen? Vielleicht möchtest du herausfinden, wie Feuerbohnen wachsen, warum Blätter grün sind und Brennnesseln nicht immer brennen, wenn du sie berührst? Wie wär's mit einer Glühwürmchen-Nachtwanderung oder einer spannenden Sternschnuppen-Suche?

In diesem Sommerbuch findest du viele Anregungen für Experimente, Spiele, Rezepte, Basteleien und andere Aktivitäten.

Auf den schönsten Sommer aller Zeiten!

ÜBERALL IST'S GRÜN

Im Sommer tragen die Laubbäume und -sträucher grüne Blätter. In Wäldern, im Garten, in Parks und auf Wiesen und Feldern, überall sprießen Gräser, Kräuter und Blumen. Der Blattfarbstoff Chlorophyll gibt den grünen Pflanzen ihre Farbe und hilft dabei, das Sonnenlicht „einzusammeln".

ENTHÄLT GRAS WIRKLICH EINEN FARBSTOFF?

DU BRAUCHST: 1 Blatt weißes Papier, 1 altes Holzbrettchen, grüne Grashalme oder dünne grüne Blätter

SO GEHT'S: Lege das Holzbrettchen auf den Boden und verteile darauf mehrere grüne Grashalme. Lege das Papier auf das Gras. Ziehe Schuhe und Socken aus, trete nun auf das Papier und zerquetsche das Gras mit dem Fußballen. Drehe dann das Papier um.

WAS PASSIERT? Das Papier ist grün.

WARUM? Menschen und Tiere, aber auch Pflanzen, Algen oder Bakterien bestehen aus Zellen. Dies sind die kleinsten Bausteine des Lebens. Du kannst sie dir vorstellen als winzige Kissen, die neben- und übereinandergestapelt sind.

Das Gras enthält – wie alle grünen Pflanzen – einen grünen Blattfarbstoff, das Chlorophyll. Dieser befindet sich in den sogenannten Chloroplasten in den Pflanzenzellen. Wird das Gras zerquetscht, werden die Pflanzenzellen mit den Chloroplasten zerstört, das Chlorophyll tritt aus. Es färbt Papier oder Kleidung grün. Bestimmt hattest du schon mal Grasflecken auf der Hose, oder?

Malen kannst du mit Chlorophyll aber nicht. Der Pflanzenfarbstoff hat eine ganz andere Aufgabe: Er kann das Sonnenlicht einfangen.

FOTOSYNTHESE

Alle Lebewesen müssen essen, um leben zu können. Grüne Pflanzen stellen ihre Nahrung durch Fotosynthese selbst her. Das schaffen sie, indem sie in den grünen Blättern mithilfe von Sonnenlicht aus einem Gas aus der Luft (Kohlenstoffdioxid) und Wasser, das sie mit ihren Wurzeln aufnehmen, Zuckerverbindungen (Traubenzucker = Glukose) herstellen. Bei diesem Vorgang wird ein Gas frei, das alle Lebewesen zum Atmen brauchen: Sauerstoff.

Der selbst hergestellte Traubenzucker gibt der Pflanze die Kraft, um neue Zellen zu bilden, zu wachsen und zu blühen.

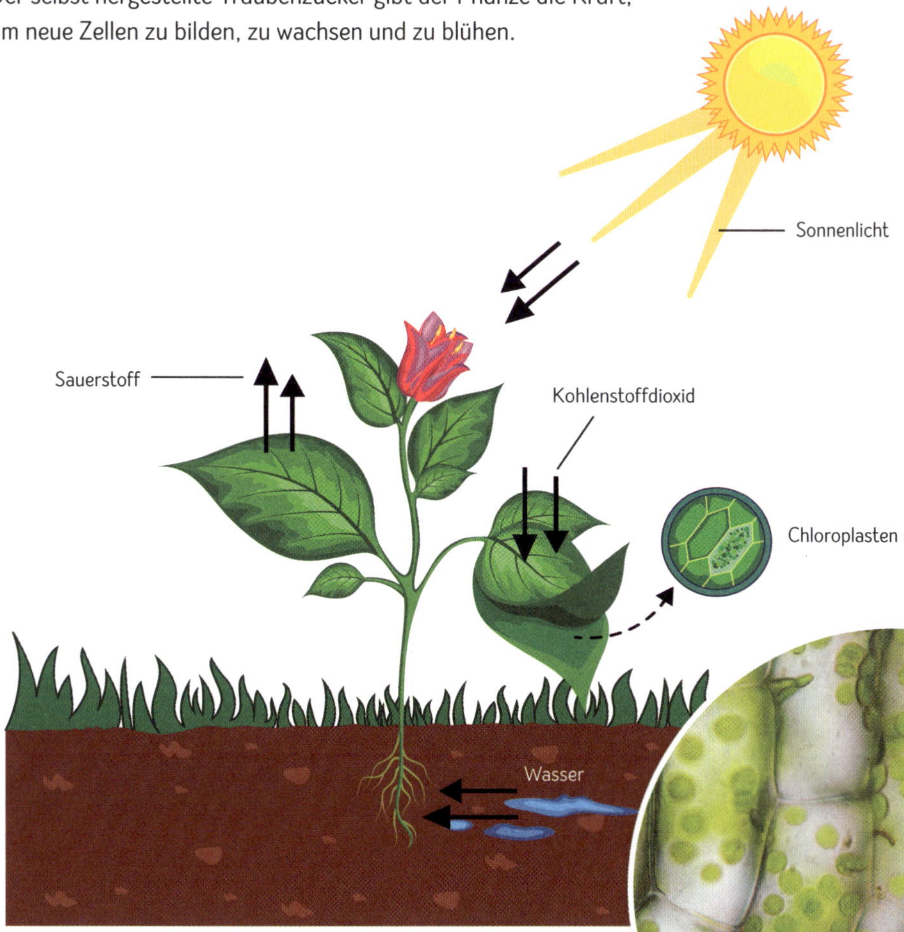

Vergrößert unter dem Mikroskop sehen Chloroplasten in den Pflanzenzellen wie grüne Punkte aus. Sie enthalten den Blattfarbstoff Chlorophyll.

VON GRÄSERN MIT UND OHNE BLÜTEN

Gräser wachsen fast überall, selbst am Straßenrand oder in Ritzen im Asphalt. Unterschiedliche Grasarten findest du auf Wiesen. Im Freien haben die Pflanzen alles, was sie zum Leben brauchen: Luft, Erde, Wasser und Sonnenlicht. Doch was passiert, wenn etwas Lebenswichtiges fehlt?

WAS WIRD AUS GRAS, WENN DAS SONNENLICHT FEHLT?

DU BRAUCHST: 1 Stück Karton, 1 großen Stein, Rasenfläche

SO GEHT'S: Lege den Pappkarton auf den Rasen und beschwere ihn mit einem Stein. Entferne den Karton nach einigen Tagen.

WAS PASSIERT? Der Rasen ist unter dem Karton hellgrün, fast weiß.

WARUM? Der Pappkarton hat die Lichtstrahlen abgeschirmt, das Gras blieb im Dunkeln. Der grüne Blattfarbstoff Chlorophyll lässt sich aber nur unter Lichteinfluss bilden.

Gräser sind krautige Blütenpflanzen. Sie haben lange, schmale Blätter und sehr unauffällige Blüten. Diese werden nicht von Insekten, sondern vom Wind bestäubt.

GRASBLÜTEN-COLLAGE

Auf Rasenflächen bekommen wir die unscheinbaren Grasblüten meist gar nicht zu sehen, denn die Graspflanze wird dort ja ständig gemäht. Blühende Gräser mit langem Halm findest du auf Wiesen oder an Wegrändern. Pflücke einige ab und klebe sie zu Hause auf Packpapier. Male in deinen „Grasblütenwald" mit Filzstiften bunte Schmetterlinge, Bienen, Zwerge oder Elfen.

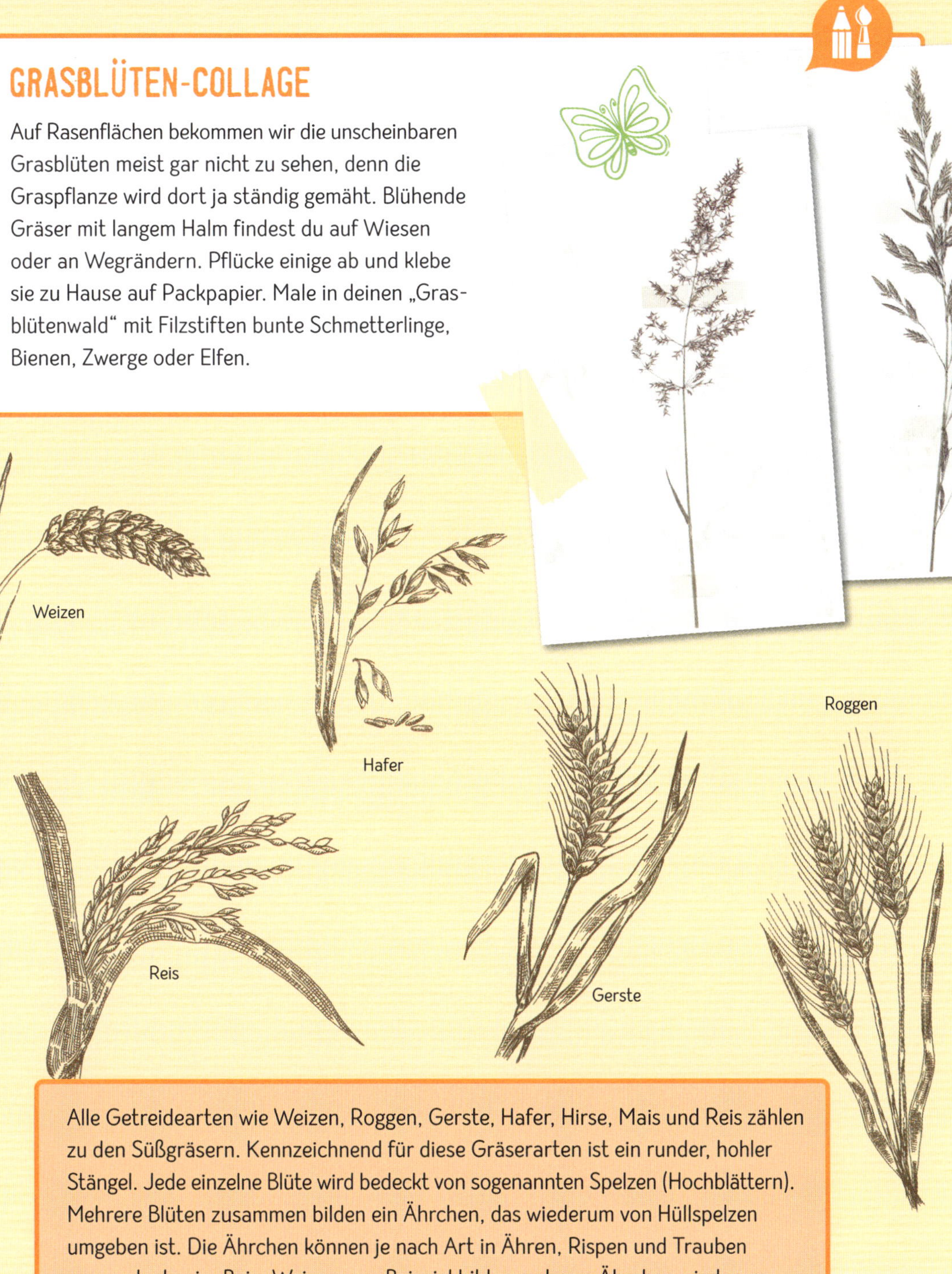

Alle Getreidearten wie Weizen, Roggen, Gerste, Hafer, Hirse, Mais und Reis zählen zu den Süßgräsern. Kennzeichnend für diese Gräserarten ist ein runder, hohler Stängel. Jede einzelne Blüte wird bedeckt von sogenannten Spelzen (Hochblättern). Mehrere Blüten zusammen bilden ein Ährchen, das wiederum von Hüllspelzen umgeben ist. Die Ährchen können je nach Art in Ähren, Rispen und Trauben angeordnet sein. Beim Weizen zum Beispiel bilden mehrere Ährchen wiederum eine Ähre. Aus einem bestäubten und befruchteten Einzelblütchen des Ährchens entwickelt sich eine Schließfrucht, die das Getreidekorn enthält.

KRÄUTER AUF DER FENSTERBANK

Der Pflanzenfarbstoff Chlorophyll steckt in jeder grünen Pflanze, auch in Kopfsalat, Spinat, Brokkoli oder in Gurken. Wenn wir Grünzeug essen, gelangen neben dem Chlorophyll weitere gesunde Stoffe in unseren Körper. Frische Küchenkräuter duften fein, schmecken roh oder gekocht sehr lecker. Sie enthalten besonders viele Vitamine, Mineralien und andere gesunde Pflanzenstoffe. Im Sommer kannst du Küchenkräuter auf dem Wochenmarkt oder in jedem Supermarkt kaufen. Sie fördern den Appetit, verfeinern viele Gerichte und machen sie bekömmlicher. Stelle die Kräutertöpfe auf die Fensterbank. Wenn du sie regelmäßig gießt, bleiben sie lange frisch. Kennst du diese Kräuter?

Rosmarin möglichst immer mitbraten. Er würzt Fleisch, Tomatensuppe und Kartoffelgerichte.

Salbei ist lecker als Tee und passt gut zu Hühnchen mit Zwiebel-Apfelsoße.

Basilikum schmeckt gut zu frischen Tomaten und Mozzarella.

Petersilie passt zu Salaten, Suppen und Eintöpfen.

Zitronenmelisse verfeinert Fruchtsalate und andere Süßspeisen und schmeckt auch frisch aufgebrüht als Tee.

Oregano darf in einer frischen Tomatensoße und als Pizzagewürz nicht fehlen.

Koriander passt gut zu Fisch und asiatischen Gerichten.

Schnittlauch schmeckt frisch geschnitten besonders fein im Kräuterquark oder auf einem Butterbrot.

Thymian passt gut zu Fleisch-, Gemüse- und Pilzgerichten.

DEIN EIGENER KRÄUTERGARTEN

Kleide eine Holzkiste mit Plastikfolie aus. Eine große schwarze Mülltüte ist besonders gut geeignet, weil sie sehr stabil ist. Pikse kleine Löcher in die Folie, damit das Wasser ablaufen kann. Fülle Gartenerde in die Kiste. Nun kannst du dort Küchenkräuter einpflanzen. Stelle die Kiste anschließend an ein sonniges Plätzchen und halte die Erde immer feucht.

PFEFFERMINZ-ERFRISCHUNG

Bitte einen Erwachsenen, frische Pfefferminzblätter in einer Tasse oder Kanne mit heißem Wasser aufzugießen. Der Tee duftet und schmeckt köstlich! Lass den Tee abkühlen, gib Eiswürfel dazu und verfeinere ihn mit Rohrzucker. Variante: Lass den Rohrzucker weg und gib die gleiche Menge Apfelsaft zum (abgekühlten) Tee. Ein erfrischender Sommerdrink!

KRÄUTER-RATE-SPIEL

DU BRAUCHST: Frische Pfefferminzblätter (Salbei oder andere stark duftende, frische Kräuter), mindestens eine/n Mitspieler*in

SO GEHT'S: Verbinde einem Mitspielenden die Augen und lasse ihn vor der Tür warten. Zerreibe Pfefferminzblätter (oder andere stark duftende Kräuter). Öffne die Tür, führe das teilnehmende Kind in den Raum und bitte es, zu schnuppern.

WAS PASSIERT? Der Mitspielende riecht etwas, auch wenn du ihm die Blätter nicht unter die Nase hältst. Vielleicht erkennt er sogar die Art der Kräuter.

WARUM? Viele Küchen- und Heilkräuter, so auch die Pfefferminze, enthalten **ätherische Öle**. Zerreibt man die Blätter, verteilen sich diese ätherischen Öle in der Luft. Atmen wir diese Luft ein, so gelangen die winzigen Duftteilchen in die Nasenschleimhaut, und wir können den Duft riechen.

PICKNICK IM GRÜNEN

Ist es nicht toll, im Sommer mit der Familie oder Freunden draußen zu essen? Wer keinen Garten hat, macht ein Picknick im Grünen. Ein schattiges Plätzchen im Park oder auf einer Wiese genügt, dazu brauchst du natürlich eine große Decke, Kissen, einen Korb mit Geschirr, Besteck, Servietten und Getränken. Und nicht vergessen: Nach dem Essen alle Verpackungen, leere Flaschen und Essensreste wieder mit nach Hause nehmen!

Buntes Gemüse darf bei einem Picknick nicht fehlen. Paprika-, Karotten-, Gurkenstückchen und kleine Salatblätter kannst du auf Holzspieße auffädeln. Gemüsespieße sind praktisch zum Essen und gut zu transportieren.

Ein bunter Strauß zum Naschen entsteht aus Holzstäbchen, auf die ausgehöhlte Cocktailtomaten, Mozzarellabällchen und Basilikumblättchen aufgespießt sind.

Mit einem Glas kannst du aus Toastbrot und Käse Kreise ausstechen. Wenn du sie mit Cocktailtomatenhälften, Salzbrezelstückchen und halben Gurkenscheiben belegst, entstehen zauberhafte Insekten. Voll essbar, auch für Vegetarier!

KRÄUTERQUARK ZUM DIPPEN

DU BRAUCHST: 4 Esslöffel Magerquark, 2 Esslöffel Joghurt, 1 Esslöffel gehackte Kräuter (Schnittlauch, Petersilie). Zum Würzen: Salz, Pfeffer

SO GEHT'S: Alle Zutaten in einer Schüssel mit einer Gabel verrühren und mit Salz und Pfeffer würzen.

Veganer nehmen statt Quark ungesüßten Mandelquark und Haferjoghurt.

VORSICHT, ZECKEN!

Zecken sind kleine Spinnentiere, die sich oft in Bodennähe aufhalten. Sie bohren sich mit ihren Mundwerkzeugen in die Haut von Menschen und Säugetieren ein, um sich mit Blut vollzusaugen. Dabei können sie Viren oder Bakterien übertragen, die gefährliche Krankheiten auslösen.

SO SCHÜTZT MAN SICH VOR ZECKEN:

- Nicht durchs hohe Gras oder Unterholz streifen und vor allem im Frühling und Sommer die Umgebung von Wildfütterungen meiden.

- Im Wald geschlossene, dunkle Kleidung mit langen Ärmeln und langen Hosen tragen.

- Socken über die Hosenbeine ziehen oder Gummistiefel über der Hose tragen.

- Abends den Körper nach Zecken absuchen, v. a. an Armen, Kniekehlen, Hals, Kopf und im Schritt.

- Jede Zecke hautnah, langsam und kontrolliert mit einer Zeckenkarte oder einer Pinzette entfernen und vorsichtshalber einen Arzt aufsuchen! Wer die Zecke nicht selbst entfernen will, sollte sofort zum Arzt gehen, der das dann übernimmt.

- Vorsorglich gegen FSME impfen lassen.

FEUERBOHNEN-ZAUBER

Möchtest du Bohnen züchten? Stecke einfach im Frühsommer Bohnensamen leicht in die feuchte Erde. Die Samen beginnen zu keimen, wenn sie Wasser, Luft und Wärme zur Verfügung haben. Die Energie zum Wachsen bekommen die Keimlinge, indem sie die im Samen gespeicherten Nährstoffe abbauen. Bald sprießen Bohnenpflänzchen.

Die Feuerbohne blüht zwischen Juni und September, je nachdem, wann du die Samen in die Erde gesteckt hast. Die feuerroten Blüten werden von Bienen und Hummeln bestäubt.

Im Mai ausgesäte Feuerbohnen tragen die ersten reifen Früchte ab Anfang Juli. Pflücke sie gleich ab, denn das regt die Pflanze an, neue Früchte zu bilden.

Aus der bestäubten und befruchteten Blüte entwickelt sich eine grüne bis zu 25 cm lange Hülsenfrucht. Die braunen, roten oder schwarz und violett gescheckten Samen sind bis zu 2,5 cm lang.

Achtung! Die Hülsen und Samen der Feuerbohne sind in rohem Zustand giftig. Deshalb Bohnen immer erst kochen, bevor du sie isst!

KÖNNEN PFLANZEN AUCH OHNE ERDE KEIMEN?

DU BRAUCHST: 1 Marmeladenglas, Küchenpapier, 1 Schere, Zeitungspapier, 1 Sprühflasche gefüllt mit Wasser, Feuerbohnensamen

SO GEHT'S: Lege das Marmeladenglas innen mit Küchenpapier aus und schneide die überstehenden Streifen ab. Stopfe zerknülltes Zeitungspapier in das Innere des Glases. Befeuchte Zeitungs- und Küchenpapier mit der Wassersprühflasche. Schiebe zwischen Glas und Papier ein paar Feuerbohnensamen. Stelle das Glas auf eine sonnige Fensterbank und besprühe das Papier jeden Tag regelmäßig mit Wasser aus der Sprühflasche.

WAS PASSIERT? Nach ca. 1-3 Tagen keimen die Feuerbohnen aus und du kannst sie beim Wachsen beobachten.

WARUM? Alle Samen brauchen zur Keimung Wasser, Luft (Sauerstoff) und Wärme. Wie viel Licht die Samen zum Keimen benötigen, ist bei den einzelnen Pflanzenarten unterschiedlich. Als **Lichtkeimer** bezeichnet man Pflanzen, die mithilfe von Licht gut keimen (z. B. Gartenkresse). **Dunkelkeimer** (z. B. Sonnenblumenkerne, Bohnensamen) kommen dagegen ohne Licht aus. In unserem Experiment haben die Feuerbohnensamen alles, was sie zum Keimen benötigen. Erde brauchen sie dazu nicht unbedingt. Das Sonnenlicht wärmt die Samen auf, die Bohnensamen würden aber auch im Dunkeln keimen.

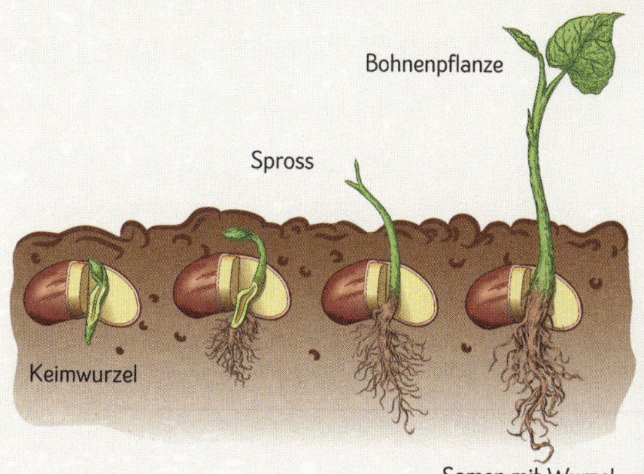

Durch Wasser wird der Keimling zum Wachsen angeregt. Dabei schwillt zuerst die sogenannte Keimwurzel an, bricht aus dem Samen heraus und wächst mit der Schwerkraft nach unten in die Tiefe. Dann wächst nach oben in Richtung Licht ein grüner Spross, der die Erde durchstößt.

Hast du eine Feuerbohne in einen Topf gepflanzt? Wenn sich ein grünes Pflänzchen entwickelt hat, kannst du es ab Mai als Setzling in ein sonniges Gartenbeet pflanzen. Stecke gleich noch eine Rankhilfe in den Boden, an der sich die Triebe nach oben schlängeln können. Aus mehreren Pflanzen kann ein dichter Zaun entstehen.

SOMMERZEIT – ERDBEERZEIT!

Die süßen roten Früchte sind zwischen Mai und Juni reif. Willst du Erdbeeren auf dem Balkon oder der Terrasse halten? Kein Problem! Manche Erdbeersorten liefern bis in den Oktober hinein Früchte. In Gartencentern werden Setzlinge angeboten, die du in einen Topf pflanzen kannst.

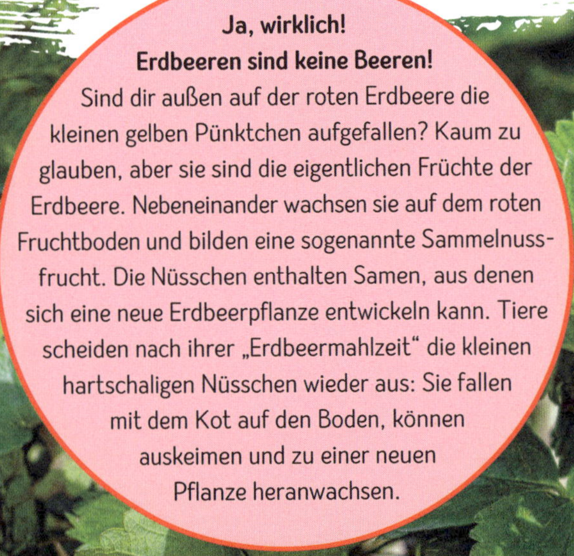

Ja, wirklich!
Erdbeeren sind keine Beeren!
Sind dir außen auf der roten Erdbeere die kleinen gelben Pünktchen aufgefallen? Kaum zu glauben, aber sie sind die eigentlichen Früchte der Erdbeere. Nebeneinander wachsen sie auf dem roten Fruchtboden und bilden eine sogenannte Sammelnussfrucht. Die Nüsschen enthalten Samen, aus denen sich eine neue Erdbeerpflanze entwickeln kann. Tiere scheiden nach ihrer „Erdbeermahlzeit" die kleinen hartschaligen Nüsschen wieder aus: Sie fallen mit dem Kot auf den Boden, können auskeimen und zu einer neuen Pflanze heranwachsen.

LECKERES ERDBEERPÜREE

DU BRAUCHST: 500 g Erdbeeren, Vanille- oder Puderzucker

SO GEHT'S: Wasche die Erdbeeren, entferne die Stiele und schneide das Fruchtfleisch klein. Bitte einen Erwachsenen, das Fruchtfleisch mit einem Pürierstab zu pürieren. Streiche das Püree anschließend durch ein Sieb. Wenn du magst, kannst du mit Puderzucker oder Vanillezucker süßen. Besonders fein zu Vanilleeis!

ERDBEER-SETZLINGE PFLANZEN

WANN: Ende Juli bis Mitte August

DU BRAUCHST: Erdbeersetzlinge, für jeden Setzling einen Topf (Durchmesser 15 - 20 cm, Tiefe mindestens 20 cm); Pflanz- oder Komposterde, Tonscherben oder Kies, Gartenhandschuhe, Schaufel

SO GEHT'S: Schichte über dem Ablaufloch des Topfs Tonscherben oder Kies ein. Dadurch entstehen Hohlräume, durch die das Gießwasser ablaufen kann. Fülle den Topf bis zur Hälfte mit Erde. Stecke die Setzlinge mit den Wurzeln in die Erde und fülle den Topf rundum mit Erde auf. Gieße die Pflanze so, dass die Erde durchnässt ist. Stelle die Pflanze auf einen Untersetzer an ein sonniges Plätzchen. Je mehr Sonne die Pflänzchen bekommen, umso süßer werden die Früchte. Nicht vergessen: Bei heißem Wetter musst du täglich gießen!

An sonnigen Stellen im Wald wachsen Walderdbeeren. Schon mal probiert? Sie sind viel kleiner als die Gartenerdbeeren und schmecken sehr aromatisch. Die weißgelben kleinen Blüten siehst du zwischen April und Juni. Die Früchte reifen während der Sommermonate.

VIEL GARTEN FÜR WENIG GELD

Magst du bunte Blumen im Garten, auf dem Balkon oder der Terrasse? Welche gefallen dir am besten? Frage im Gartencenter oder im Blumengeschäft nach, ob deine Lieblingsblumen auch im Topf auf der Fensterbank oder auf dem Balkon wachsen. Suche für jede Art das Plätzchen aus, das ihren Bedürfnissen entspricht, und halte dich an die Gieß- und Düngeempfehlungen. Die Margerite zum Beispiel ist sonnenhungrig, muss aber häufig gegossen werden. Schreibe für jede Pflanze Namensschildchen, damit es keine Verwechslungen gibt!

Das **Fleißige Lieschen** ist eine schattenliebende Pflanze. Sie gedeiht (bei 20 °C im Zimmer) sogar in Innenräumen an einem Nordfenster und blüht fast das ganze Jahr, nur im Dezember nicht. Bitte regelmäßig, aber nicht zu viel gießen und einmal pro Woche düngen!

PFLANZENSCHILDER, SELBSTGEMACHT

DU BRAUCHST: Schaschlikspieße, weiße Pappe, Schere, Paketband, einen schwarzen, wasserfesten Filzstift, Buntstifte

SO GEHT'S: Schneide aus Pappe 2,5 x 5 cm große Rechtecke aus. Schreibe auf die Vorderseite mit dem Filzstift den Pflanzennamen. Wenn du möchtest, kannst du deine Schilder noch bunt bemalen. Drehe nun die Pappe um, lege einen Schaschlikspieß darauf und befestige diesen mit Paketband.

Du möchtest gern Samen aussäen oder Setzlinge pflanzen, aber dein Sparschein ist fast leer? Kein Problem: Als **Gießkanne** eignet sich auch eine Wasserflasche. **Blumentöpfe** kannst du z. B. durch andere Pflanzgefäße (Dosen, alte Tassen, den unteren Teil eines Getränkekartons, Töpfe oder sogar Schuhe) ersetzen. Eine alte Obstkiste (mit stabiler Plastikfolie ausgekleidet und mit Kies und Erde gefüllt) ist ein prima **Beet** für den Balkon. Denke aber immer an kleine Löcher, damit das überschüssige Wasser abfließen kann.

Hast du nicht genügend **Samen**? In einer Tüte Vogelfutter oder draußen in der Natur findest du jede Menge davon. Halte auf Wiesen Ausschau nach welken Blüten. Schneide ganze Blütenstiele ab und stelle sie kopfüber in eine Schüssel. Nach ein paar Tagen lösen sich die Samenkörner aus den Früchten und Fruchthüllen. Auch Getreidekörner und Beerenfrüchte von Sträuchern (z. B. Weißdorn, Schlehe) und Nüsse enthalten Samen. Auf dem Waldboden kannst du im Herbst Haselnüsse, Eicheln und Bucheckern finden. Lass dich überraschen, was aus den Samen, die du in feuchte Erde steckst, wächst!

HIMMEL UND HÖLLE

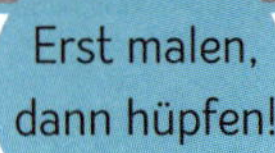

DU BRAUCHST: weiße und/oder farbige Kreide, einen flachen Stein, Mitspieler*innen

SO GEHT'S: Male zuerst den Hüpfkasten, so wie in der Abbildung, auf dem Gehweg, auf einer Einfahrt, Spielstraße, Fußgängerzone oder im Hof auf.
Der erste Mitspielende stellt sich sich ins Erde-Feld. Von dort wirft er den Stein in Feld 1. Landet der Stein dort nicht, ist das nächste Kind an der Reihe. Trifft es, darf es loshüpfen, breitbeinig von Kästchen zu Kästchen bis zum Himmel. Das Feld, in dem der Stein liegt, darf aber nicht betreten werden. Auch das Feld „Hölle" nicht! Im Himmel wird für den Rückweg umgedreht . Die Hölle muss ausgespart und der Stein aufgehoben werden, bevor Feld 1 erreicht ist. Ist die Erde wieder erreicht, wirft das Kind auf das Feld 2. Trifft es, darf es jetzt auf Feld 1 hüpfen, Feld 2 überspringen und auf Feld 3 weiterspringen, usw. Es darf den Weg zum Himmel und zurück auf die Erde so oft machen, bis es eine Randlinie betritt oder bis es das vorgesehene Feld beim Werfen mit dem Stein nicht trifft. Die Hölle darf mit dem Stein nicht getroffen werden! Macht das Kind einen Fehler, ist das nächste dran.

Jeder merkt sich die Zahl, bei der ein Fehler passiert ist und das Spiel unterbrochen werden musste. Bei dieser Zahl geht es dann in der nächsten Runde weiter. Gewonnen hat, wer den Weg mit seinem Stein zuerst bis in den Himmel schafft!

DIE HÜPFSCHNECKE

DU BRAUCHST: weiße und/oder farbige Kreide, Mitspieler*innen

SO GEHT'S: Male eine große Hüpfschnecke auf den Asphalt. Die Kästchen sollen so groß sein, dass ein Kind darin Platz hat. Alle müssen nun versuchen, nacheinander auf einem Bein vor und zurück durch alle Kästchen zu hüpfen, ohne dabei eine Linie zu berühren. Wer das schafft, darf danach ein selbst ausgewähltes Kästchen sperren. Von nun an müssen die anderen Hüpfer dieses Kästchen überspringen, nur der, der es gesperrt hat, darf sich bei seinen folgenden Sprüngen darauf ausruhen.
Am besten sperrt jedes Kind „sein" Kästchen mit einer anderen Farbe, sodass man immer weiß, welches wem „gehört".

Hüpfspiele gibt es jede Menge! Du kannst auch welche erfinden!

Mit bunten Kreiden kannst du im Hof auf den Asphalt malen. Richtig groß und knallbunt! Bis zum nächsten Regen kann jeder, der vorbeikommt, dein Bild bewundern.

LÖWENZAHN UND PUSTEBLUME

Die Pusteblume kennst du bestimmt! Ihr deutscher Name lautet „Löwenzahn". Im Frühjahr trägt sie auffallend gelbe Blüten. Ihre dunkelbraune Pfahlwurzel kann bis zu einem Meter lang werden! Wenn du den blattlosen, hohlen Stängel abpflückst und ihn drückst, siehst du, dass er – wie die anderen Pflanzenteile auch – einen weißen Milchsaft enthält. Ziehe am besten Gartenhandschuhe an, denn der Saft ist leicht giftig und kann die Haut reizen.

Die grünen Blätter sind gezähnt, haben kleine Zacken – nun weißt du auch, woher der Löwenzahn seinen Namen hat!
Die gelbe Scheinblüte besteht aus vielen Einzelblütchen (Zungenblütchen), die zu einem Körbchen zusammengefasst sind. Die grünen Hüllblätter, die die gelbe Scheinblüte umgeben, schließen sich nachts, bei Regen oder Trockenheit und beim Verblühen.

Nach ein paar Wochen, meist im Juni oder Juli, sind die Früchte reif. Die grünen Hüllblätter öffnen sich und die bräunlichen Blütenhüllreste fallen ab. Die kleinen Zungenblüten werden zu kapselförmigen Samen mit jeweils einem gestielten feinhaarigen Schirmchen. Alle Schirmchen zusammen bilden eine weiße, flauschige Pusteblume.

Die Einzelfrüchtchen des Löwenzahns sind mit haarigen Flugschirmen ausgestattet. Durch den Wind werden sie kilometerweit verbreitet. Puste mal! Bald haben sich alle Samen vom Blütenkopf abgelöst.

Die Hauptblütezeit ist von April bis Mai. Jetzt zeigen sich
die gelben Scheinblüten. Von „Scheinblüte" spricht man,
wenn viele kleine Einzelblüten so zusammenstehen, dass
der Eindruck erweckt wird, es handele sich um eine
einzige große Blüte.

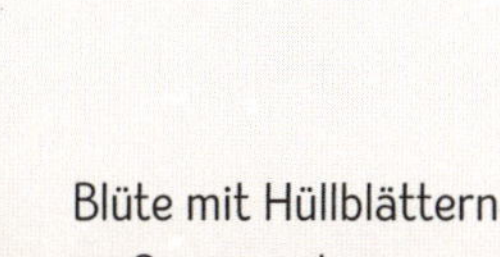

Blüte mit Hüllblättern
im Sommer, kurz vor
der Fruchtreife

Im Rasen und in Gemüse- und Blumen-
beeten ist der Löwenzahn meist
unbeliebt, weil er sich so schnell
ausbreitet. Damit er nicht sofort
wieder nachwächst, musst du seine
lange Pfahlwurzel ganz ausgraben
und herausziehen.

Die jungen Blätter schmecken gut
im Salat. Ihr solltet sie aber nur
zusammen mit einem Erwachsenen
sammeln, damit nicht aus Versehen
Blätter von giftigen Pflanzen dabei
sind! Ein Pflanzenbestimmungs-
buch kann euch helfen!

LÖWENZAHNSALAT

DU BRAUCHST: 300 g junge Löwenzahnblätter, 1 Zwiebel geschält
und fein gehackt, 1 hart gekochtes Ei, 1-2 Esslöffel Essig,
1 Teelöffel Senf, 3 Esslöffel Salatöl, Salz, Pfeffer

SO GEHT'S: Sammle im Frühjahr weit weg von Straßen und Industrie-
gebieten junge Löwenzahnblätter. Wasche sie sehr gründlich, lasse sie abtropfen
und schneide sie in Streifen. Verrühre Öl, Essig und Senf in einer kleinen Schüssel. Zerdrücke das
Eigelb in der Salatsoße und schmecke sie mit Salz und Pfeffer ab. Schneide das Eiweiß in kleine
Würfel. Gib die gehackte Zwiebel, die Eiweißwürfel und die Löwenzahnblätter in die Schüssel und
vermische alles zu einem Salat.

UNTERM HOLLERBUSCH

Mit Hollerbusch ist der Schwarze Holunder gemeint. Der Strauch wächst auf Waldlichtungen, an Wald- und Wegesrändern, an Böschungen, auf ungenutzten Brachflächen oder in Gärten und Parks. Er kann bis zu 11 m hoch werden! Von Ende Mai bis Anfang Juli zeigen sich seine duftenden weißen Blütendolden. Man kann sie zu Sirup oder Gelee verarbeiten, als Tee trocknen oder in Pfannkuchenteig ausbacken.

Die bis zu 12 cm langen grünen Blätter bestehen aus fünf bis sieben Fiederblättchen.

Die cremeweißen Einzelblütchen sind in einer Schirmrispe angeordnet.

Ab Ende August reifen die beerenähnlichen schwarzblauen Steinfrüchtchen. Sie enthalten jeweils drei Samen.

Achtung! Holunder enthält Sambunigrin, ein Stoff, der bei Gegenwart von Wasser giftige Blausäure abspaltet. Blüten und auch die Beeren dürfen nur gekocht verwendet werden, denn durch Erhitzen verliert das Gift seine schädliche Wirkung. Fragt unbedingt immer zuerst einen Erwachsenen, bevor ihr Pflanzenteile aus der Natur in den Mund nehmt! Eigentlich klar, oder?

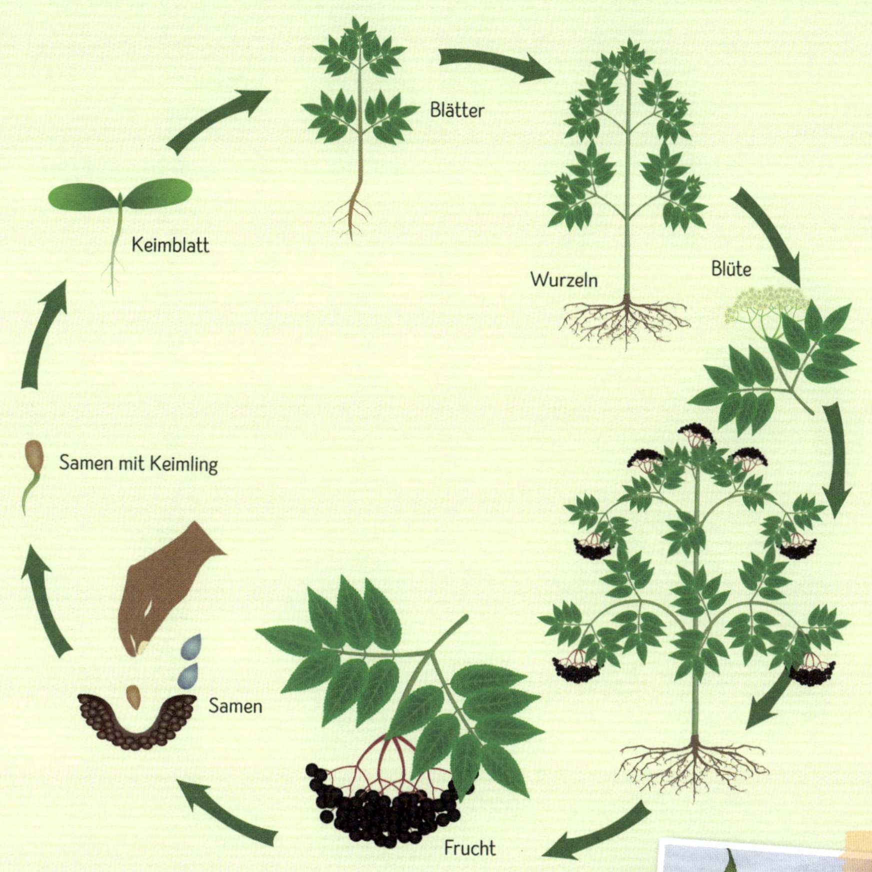

HOLUNDERBLÜTENSIRUP

DU BRAUCHST: (für etwa 1,5 l Sirup) 10-15 reife Dolden, 1 l Wasser, 1 kg Zucker, 15-25 g Zitronensäure bzw. Saft von 1-2 frischen Zitronen, heiß ausgespülte, verschließbare Flaschen, Trichter

SO GEHT'S: Sammle reife Dolden, schüttle Insekten ab, fülle 1 l Wasser in einen Topf und lege bis zu 15 Dolden „kopfüber" hinein. Für etwa 30 Dolden brauchst du dann 2 l Wasser usw. Lass die Dolden etwa einen Tag im Wasser schwimmen, dann holst du sie heraus. Das „Holunderwasser" musst du jetzt durch ein Sieb in einen anderen Topf gießen, damit eine klare Flüssigkeit entsteht. Gib nun Zucker und die Zitronensäure dazu und koche die Flüssigkeit auf. Rühre immer wieder um. Nach einigen Minuten kann der Sirup mit dem Trichter in die Flaschen gefüllt werden. Lass dir dabei helfen!

Die holzigen Äste sind innen ausgefüllt mit weißem, schaumstoffartigem Mark. Wenn du ein Aststück aushöhlst, kannst du Pfeifen oder Flöten daraus schnitzen. Anleitungen dazu findest du im Internet.

WIR SIND NUR IM SOMMER DA

Amsel, Spatz und Meise sind dir bestimmt bekannt. Aber kennst du auch Zugvögel wie z. B. die Bachstelze oder den Gartenrotschwanz? Diese Insektenfresser finden im Winter bei uns keine Nahrung mehr. Sie müssen schon im Herbst in wärmere Gebiete fliegen, um zu überleben.

Die **Bachstelze** ist mit ihrem schwarz-weißen Gefieder, dem schnell trippelnden Gang, den ruckartigen Kopfbewegungen und dem langen, wippenden Schwanz leicht zu erkennen. Meist hält sie sich am Boden auf, um von dort Insekten aufzupicken. Eher selten frisst sie auch Samen oder Beeren. Als Nistplätze braucht die Bachstelze Halbhöhlen wie Mauerlöcher oder Nischen unter Dachziegeln.

Ab Anfang September ziehen Bachstelzen nach Nordafrika.

Weibchen

Wie der Name schon sagt, ist ein roter Schwanz kennzeichnend für den **Gartenrotschwanz.** Er ernährt sich vor allem von Käfern und Spinnen. Seine Brutgebiete sind lichte Waldränder, Feldgehölze, aber auch Parks, Streuobstwiesen oder Hausgärten mit altem Baumbestand. Das Nest legt das Weibchen an, das du an ihrem schlichten, beige braunen Gefieder und dem rotbraunen Schwanz erkennst. Das Gartenrotschwanz-Männchen ist unverwechselbar: Brust, Schwanz und Bauch sind rostrot gefärbt, Kehle und Wangen schwarz, an der Stirn befindet sich ein weißer Streifen.

Die Jungen sind, je nach Brutbeginn, spätestens Ende August flügge. Dann beginnt auch schon der Vogelzug nach Afrika.

Männchen

Feuchte Laub- und Mischwälder, Parks und Gärten mit altem Baumbestand sind die Brutgebiete der **Mönchsgrasmücke**. Du erkennst sie an ihrer Mönchskappe am Kopf. Beim Männchen ist diese schwarz, bei den Weibchen rotbraun. Hauptnahrung zur Brutzeit sind Insekten und ihre Larven, aber auch Beeren und andere Früchte werden gefressen. Zur Überwinterung fliegen Mönchsgrasmücken in wärmere Gebiete nach West- und Südeuropa.

Der **Halsbandschnäpper** brütet in Laubwäldern mit Altbaumbestand, in Parkanlagen, Streuobstwiesen und größeren Feldgehölzen. Sein Nest legt er in Baumhöhlen an. Hier sind die frisch geschlüpften Jungen vor Fressfeinden gut geschützt. Das Gefieder des Männchens ist zur Brutzeit schwarz-weiß gefärbt. Das Weibchen trägt ein schlichtes graubraunes Federkleid. Der Halsbandschnäpper schnappt sich viele Insekten gleich in der Luft. Ab und zu frisst er auch Beeren. Den Winter verbringt der Halsbandschnäpper in Afrika.

INSEKTENFRESSENDE VÖGEL BEOBACHTEN

WANN: am besten zwischen Mai und August

DU BRAUCHST: 1 Fernglas

SO GEHT'S: Lege dich in lichten Laubwäldern und alten Parks mit höhlenreichen Altbäumen auf die Lauer. Hier lassen sich mit etwas Glück auch seltenere Arten wie der Halsbandschnäpper und der Gartenrotschwanz entdecken.

SCHWALBENNESTER – MAUERSEGLER

Schwalben sind Insektenfresser, die ihre Nahrung im Flug erbeuten. Schwalbennester sind an offenen, alten Gebäuden wie Bauernhöfen, Scheunen oder Reitställen zu finden. Zum Nestbau brauchen Schwalben Pfützen mit Lehm. In das Nest legt das Weibchen drei bis sechs Eier, die es zwei Wochen lang ausbrütet. Sind die Jungen geschlüpft, müssen sie mit Mücken und Fliegen gefüttert werden. Nach knapp drei Wochen sind die Kleinen flügge.

Rauchschwalben erkennst du an ihrem gegabelten Schwanz, ihren bläulichen Rückenfedern und dem orangefarbenen Gesicht. Weil sie früher oft in Schornsteinen brüteten, gab man ihnen ihren Namen.

Bei **Mehlschwalben** ist die gesamte Bauchseite und der Bürzel, d. h. die hintere, obere Rückenpartie, reinweiß. Der Schwanz ist weniger stark gegabelt als bei der Rauchschwalbe, es fehlen stark verlängerte äußere Federn.

Die Flügel der Rauchschwalbe sind lang und spitz.

Das Nest dieser Rauchschwalbe liegt im Innern des Gebäudes.

fliegende Mauersegler

Der **Mauersegler** ähnelt auf den ersten Blick den Schwalben, ist mit ihnen aber nicht näher verwandt. Im Sommer sind seine schrillen Rufe vielerorts zu hören. Sie sind deutlich lauter als die Rufe der Schwalben. Das Gefieder des Mauerseglers ist auf der Ober- und Unterseite – bis auf den grauweißen Kehlfleck – bräunlich-schwarz, der Schwanz relativ kurz und gegabelt. Die Flügel sind sichelförmig.

Wie die Schwalben sind Mauersegler geschickte Flieger und jagen in der Luft nach Insekten. Außerhalb der Brutzeit halten sie sich monatelang fast ohne Unterbrechung in der Luft auf, sie schlafen sogar im Flug. Ursprünglich brüteten sie an Felsen. Inzwischen nutzen sie Hohlräume an Steinbauten wie Wohnhäusern, Kirchtürmen, Fabrikgebäuden oder Bahnhöfen als Brutplatz.

SCHWALBENNESTER ENTDECKEN UND FOTOGRAFIEREN

WANN: zwischen Juni und August

- **Rauchschwalben** mögen es warm und trocken, deshalb nisten sie vorzugsweise im Innern von offenen Gebäuden, auf Mauervorsprüngen oder auf Balken oben unter der Decke. Das Nest besteht aus aneinandergeklebten Lehmklumpen mit Tierhaaren vermengt.

- **Mehlschwalben** bauen ein geschlossenes Lehmnest mit schmalem Einschlupf außerhalb von Gebäuden.

Übrigens: im September ziehen Schwalben in ihr Winterquartier in Afrika. Im April oder Mai kehren sie zurück und beziehen ihr altes Nest vom letzten Jahr. Deshalb ist es so wichtig, verlassene Nester nicht zu entfernen! Wer das trotzdem tut, muss ein Bußgeld bezahlen, denn Schwalben und ihre Nester stehen unter Naturschutz!

WOHIN FLIEGT DER KLAPPERSTORCH?

Vor 30 Jahren noch waren Weißstörche bei uns in Mitteleuropa extrem selten. Doch dann ist ihr Bestand wieder etwas größer geworden. Die Brutzeit erstreckt sich von Anfang April bis Anfang August. Als Brutgebiet wählt das Storchenmännchen einen Nistplatz so aus, dass es im Umkreis genügend Nahrung gibt. Am besten gefällt es ihm in Flussauen und Feuchtgebieten, denn hier gibt es reichlich zu fressen.

Der Weißstorch nistet hoch oben auf Felsvorsprüngen, zwischen dicken Ästen auf Bäumen, auf Dächern, Kaminen und Strommasten. Sein Nest wird „Horst" genannt. Er ist zuerst etwa einen Meter breit. Da aber der Storch auch beim Brüten immer wieder weiter daran baut, können Horste mit der Zeit doppelt so groß werden und ein paar hundert Kilogramm wiegen! Jedes Storchenpaar bleibt seinem Horst über Jahrzehnte treu und kehrt immer wieder dorthin zurück.

Ungefähr einen Monat lang bebrüten die Storcheneltern abwechselnd die 3 – 5 Eier, die das Weibchen ins Nest gelegt hat. Nachdem die Storchenkinder geschlüpft sind, bleiben sie noch etwa zwei Monate im Nest und lassen sich mit Regenwürmern oder Insekten füttern.

Ausgewachsene Störche fangen Frösche, Fische, Eidechsen, Mäuse oder Aas (tote Tiere).

WEISSTÖRCHE SIND ZUGVÖGEL

Im August werden viele Störche unruhig, denn der Flug in den warmen Süden steht bevor. In Gruppen von fünf bis 50 Tieren machen sie sich auf in ihr Winterquartier Afrika und können dabei Flugstrecken von 5.500 km zurücklegen. Ähnlich wie Segelflugzeuge nutzen sie mit ihren großen Flügeln warme Aufwinde. Der Segelflug kostet nämlich nicht so viel Kraft. Weil über großen Wasserflächen kein Auftrieb entstehen kann, wählen die Störche eine Flugstrecke, die größtenteils über Land verläuft. Inzwischen fliegen manche Störche nur bis ins französische Elsass oder bleiben im Winter sogar in ihrem Brutgebiet wie z. B. in Bayern. Der Grund dafür ist, dass die Winter bei uns immer milder sind und die Tiere auch in der kalten Nahrungszeit genug zu fressen finden.

Wenn der Weißstorch während der Balzzeit ein Weibchen beeindrucken will, aber auch um das Nest zu verteidigen, wird mit dem roten Schnabel laut geklappert.

WIESEN MIT UND OHNE BLUMEN

Bei Sonnenschein macht es großen Spaß, durch offene Wiesen und Felder zu streifen, dem Vogelgezwitscher zu lauschen und den Duft frischer Kräuter zu schnuppern. Aber hast du das gewusst? Wiesen, Felder und Weiden sind keine natürlichen Lebensräume so wie viele Wälder. Menschen haben sie geschaffen. Auf Weiden sorgen Rinder und Schafe dafür, dass das Gras kurz bleibt und auf den baumfreien Flächen nicht wieder Büsche wachsen. Wiesen müssen regelmäßig gemäht werden, damit sich dort nicht längerfristig wieder ein Wald ausbildet.

Fettwiesen entwickeln sich auf nährstoffreichen, meist stark gedüngten Böden. Hier wachsen zum Beispiel Blumen wie Löwenzahn, Schafgarbe, Hahnenfuß oder das Schaumkraut. Sehr häufig gemähte Fettwiesen sind blütenarm, denn ständige Mahd halten auf Dauer nur Gräser aus.

WIESE IST NICHT GLEICH WIESE

Wie feucht oder wie trocken der Boden ist, wie oft gemäht und wie oft gedüngt wird, entscheidet darüber, welche Art von Wiese sich ausbildet, ob Blumen und Kräuter oder nur Gräser wachsen.

WENIGER NÄHRSTOFFE, MEHR WILDBLUMENARTEN

Auf nährstoffarmen, ungedüngten Böden bilden sich **Magerwiesen** aus. Manchmal werden sie gemäht, ab und zu auch von Schafen beweidet. Hier findest du viele verschiedene Wildblumenarten, darunter seltene Spezialisten, die zum Beispiel an Trockenheit oder einen bestimmten Kalkgehalt im Boden angepasst sind wie die Bienen-Ragwurz oder das Helm-Knabenkraut.

DIE BLUMENPRACHT AM WEGES- UND STRASSENRAND ENTDECKEN

WANN: im Sommer

DU BRAUCHST: 1 Fernglas

SO GEHT'S: Wenn du auf Feldern und Wiesen spazieren gehst, mit dem Fahrrad fährst, oder mit deiner Familie im Auto sitzt, achte mal auf Weg- und Straßenränder!

WARUM? Die Streifen und Böschungen entlang von Wegen und Straßen weisen meist magere Böden auf. Hier wachsen oft Wildblumen, die man auf intensiv genutzten und stark gedüngten Wiesen gar nicht mehr findet. Diese Magerwiesenstreifen auf dem sogenannten Straßenbegleitgrün sind inzwischen Rückzugsorte für seltene Tier- und Pflanzenarten und damit für den Naturschutz sehr wichtig.

Magerwiese

Feuchtwiese

Wiesen auf feuchten und nassen Standorten nennt man **Feuchtwiesen**. Sie liegen oft in Flusstälern, in Mooren oder in der Nähe von Seen. Auf den zeitweise überschwemmten Böden wachsen Gräser, feuchteliebende Binsen, Seggen (Sauergrasgewächse) und andere krautige Pflanzen. Meist werden sie nur einmal im Jahr gemäht. An die feuchten Bedingungen haben sich einige seltene Tierarten angepasst.

Wünschst du dir eine Wildblumenwiese im Garten? Dann kannst du deine Eltern bitten, auf einem Stück Rasen das Gras samt 10 cm Oberboden zu entfernen. So entsteht ein Plätzchen, das nährstoffärmer ist als der Rasen selbst. Im Frühjahr kannst du dort eine Wildblumenmischung aussäen. Fünf bis zehn Gramm Saatgut pro Quadratmeter reichen. In den ersten vier bis sechs Wochen muss der Boden feucht gehalten werden. Sind die Blumen so hoch wie eine Bierflasche gewachsen, sollten sie gemäht werden. Die zweite Mahd kann dann im Herbst erfolgen.

WIESENBLUMEN ERFORSCHEN

Hast du eine Blumenwiese entdeckt? Mit einem Blumenbestimmungsbuch kannst du herausfinden, welche Arten auf deiner Wiese wachsen. Schau dir an, welche Blätter und Blüten sie haben. Fast alle Blumenwiesen beherbergen auch Kleintiere, darunter Schnecken, Spinnentiere und vor allem Insekten wie Schmetterlinge, Fliegen, Käfer, Wildbienen und Hummeln. Welche Blumen werden besonders oft von Insekten besucht? Kannst du beobachten, was die Insekten an der Blüte tun?

Einige dieser Arten kommen bei uns noch häufig vor. Hast du sie auch schon entdeckt?

Weißklee

Schafgarbe

Spitzwegerich

Gänseblümchen

BLÜTEN UNTERSUCHEN

DU BRAUCHST:

1 Margerite, 1 Lupe, 1 Pinzette

SO GEHT'S: Zupfe von einem Blüten-kopf zuerst die weißen Zungenblüten ab. Zerlege dann das Blütenkörbchen mit der Pinzette und betrachte die Einzel-teile mit der Lupe.

WARUM? Du wirst erkennen, dass die „Blüte" der Margerite eine Scheinblüte ist, die aus mehr als 100 Einzelblüten besteht. Die Einzelblüten bilden zusammen einen körbchenförmigen Blütenstand, der wie eine einzige Blüte aussieht. In der Mitte dieser Scheinblüte stehen die gelben Röhrenblüten, das ist der gelbe „Knopf" in der Mitte. Außen herum wachsen die weißen Zungenblüten, die Insekten anlocken. Die gelben Röhrenblüten bilden, wenn sie befruchtet sind, Samen. Einfach zu zählen sind die weißen Zungenblüten, davon gibt es etwa 20-25. Von den gelben Röhrenblüten gibt es bis zu 500!

Margerite

Wiesensalbei

Wiesen-Glockenblume

Hahnenfuß

BLÜTENTYPEN

Die Blüten von Wiesenblumen und Obstbäumen haben ganz
unterschiedliche Formen und Farben.

Sie sind aber alle ähnlich aufgebaut. Sie bestehen aus:

- **Kelch- und Kronblättern**, die meist kreisförmig um den Blütenboden angeordnet sind.

- Der **Fruchtknoten** in der Mitte mit Narbe und Griffel ist das weibliche Fortpflanzungsorgan, das Samenanlagen mit Eizellen enthält.

- Als männliche Fortpflanzungsorgane dienen die **Staubblätter mit Staubbeutel** und **Staubfaden.**

Der **Blütenstaub** (Pollen) gelangt durch Wind, Wasser oder Tiere wie z. B. Bienen oder andere Insekten auf die Narbe einer zweiten Blüte derselben Art. Die Blüte ist damit bestäubt. Bei der Befruchtung verschmilzt eine in der Samenanlage befindliche Eizelle mit einer männlichen Keimzelle zu einer Zygote, das ist die befruchtete Eizelle. Aus einer befruchteten Blüte kann sich eine Frucht entwickeln, die Samen enthält. Die Samen können in feuchter Erde auskeimen und zu einer Pflanze heranwachsen.

Bunte, duftende Blütenblätter sollen Insekten anlocken. Das Rot des Klatschmohns können Bienen aber gar nicht wahrnehmen. Ihnen erscheinen die Blüten in einer anderen (ultravioletten) Farbe, die wir Menschen nicht sehen. Nektar finden Insekten in der Mohnblüte nicht, stattdessen jedoch jede Menge Pollen (Blütenstaub). Er ist eine wichtige Kraftnahrung für Wildbienen, sie „baden" richtig darin! Die Pollenhöschen der Bienen sind anschließend grünschwarz oder blauschwarz gefärbt.

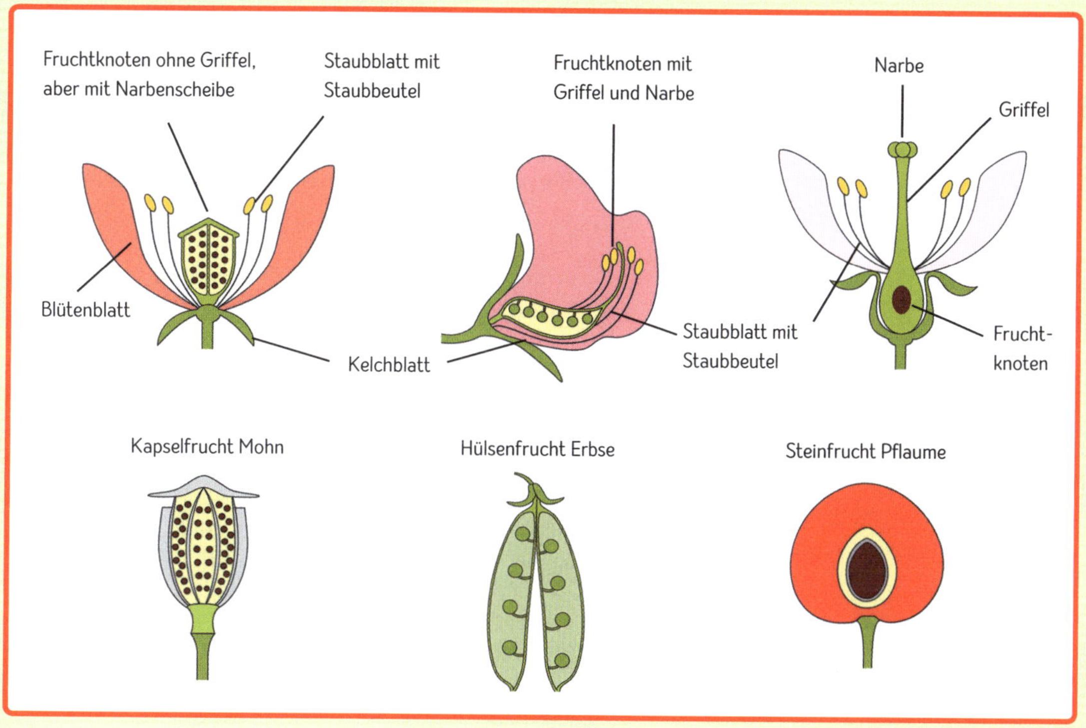

Fruchtknoten ohne Griffel, aber mit Narbenscheibe

Staubblatt mit Staubbeutel

Fruchtknoten mit Griffel und Narbe

Narbe

Griffel

Blütenblatt

Kelchblatt

Staubblatt mit Staubbeutel

Frucht-knoten

Kapselfrucht Mohn

Hülsenfrucht Erbse

Steinfrucht Pflaume

SCHON GEWUSST?

Die ölhaltigen, nussig riechenden Samen des Schlafmohns (Papaver somniferum), einer anderen Mohnart, werden als Lebensmittel vor allem für Mohnbrötchen oder Mohnkuchen verwendet.

Der Klatschmohn zeigt seine knallroten Blüten im Mai und Juni. Schau sie dir mal genauer an. Der Fruchtknoten sieht aus wie eine Streudose. Er ist umgeben von 160 Staubblättern. Ist die Blüte bestäubt und befruchtet, verstecken sich in der Kapselfrucht Tausende winziger Samenkörner.

SUMM, SUMM, SUMM ...

Bienen und Hummeln fliegen in der warmen Jahreszeit von Blüte zu Blüte. Den gelben Blütenstaub, der an ihren Pelzchen hängen bleibt, tragen sie zur nächsten Blüte und bestäuben diese. Nur aus bestäubten Blüten können sich später Früchte entwickeln. Bienen sind daher in der Natur sehr wichtig. Aus diesem Grund steht in Deutschland die gesamte Überfamilie der Bienenartigen unter Naturschutz.

Honigbiene
(Arbeiterin)

Staubbeutel mit
Blütenstaub (Pollen)

LEBEN IM BIENENSTAAT

Honigbienen sind Staaten bildende Insekten. Sie leben in einem Bienenstaat mit bis zu 80.000 Tieren. Die meisten sind unfruchtbare weibliche Arbeitsbienen, von denen jede ganz bestimmte Aufgaben übernimmt wie z. B. das Nektarsammeln oder die Brutpflege. Für die Fortpflanzung zuständig sind die Bienenkönigin, die fortlaufend Eier legen muss, und die männlichen Drohnen, die sich mit ihr gepaart haben. Ein Bienenvolk wohnt meist in einer Baum- oder Felshöhle oder in einem Bienenstock, den der Imker zur Verfügung stellt. Die Arbeitsbienen haben Wachsdrüsen, womit sie Wachs herstellen. Daraus bauen sie in dem Hohlraum viele sechseckige Gebilde, die Waben. Sie dienen zur Aufzucht der Maden und zur Lagerung von Honig und Blütenstaub.

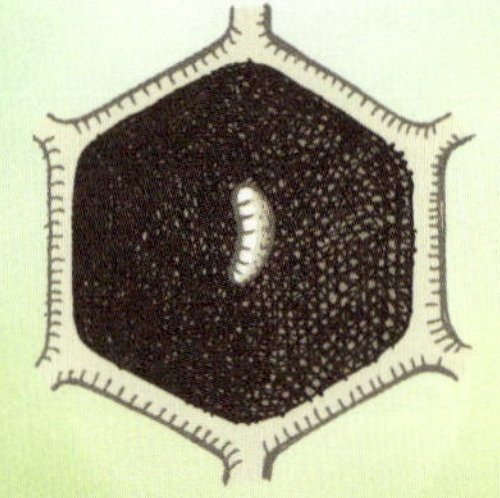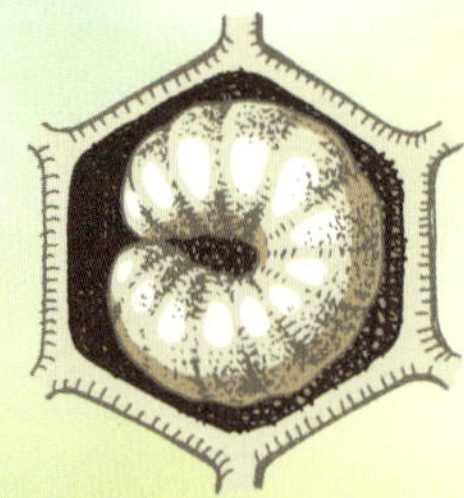

HAUSTIER HONIGBIENE …

Ursprünglich lebten Honigbienen in lichten Wäldern. Ihren Bienenstaat errichteten sie in Baumhöhlungen, Spechthöhlen, Fels-und Erdnischen. Heute ist die Honigbiene ein vom Menschen genutztes „Haustier". Das Bienenvolk nistet in Bienenstöcken. Während die Bienen im Wald einst auf den eigenen Vorräten überwinterten, führt der Imker heute Zuckerwasser, Mais- oder Reissirup und Pollenersatz als Winternahrung zu.

ENTWICKLUNG DER HONIGBIENE

Nur die Bienenkönigin kann Eier legen!

Aus unbefruchteten Eiern entwickeln sich Drohnen, aus befruchteten Arbeiterinnen. Soll eine Jungkönigin heranwachsen, bekommt die betreffende Made keinen Pollen und keinen Nektar, sondern wird mit Gelée Royal gefüttert. Das ist ein weißlicher, mattgelber puddingartiger Futtersaft, den die Ammenbienen, die die Maden versorgen, in speziellen Drüsen am Kopf erzeugen.

Honig besteht aus Blütensaft (Nektar) und Honigtau (Ausscheidungen von Blattläusen). Diese „Rohstoffe" werden von der Biene gesammelt und gelangen in den Bienenmagen. Im Bienenstock würgt die Biene den Honig heraus und gibt ihn an andere Bienen weiter. Die tragen ihn herum, bearbeiten ihn weiter und dicken ihn ein. Ein Teil davon wird als Honigvorrat in den Waben abgelagert.

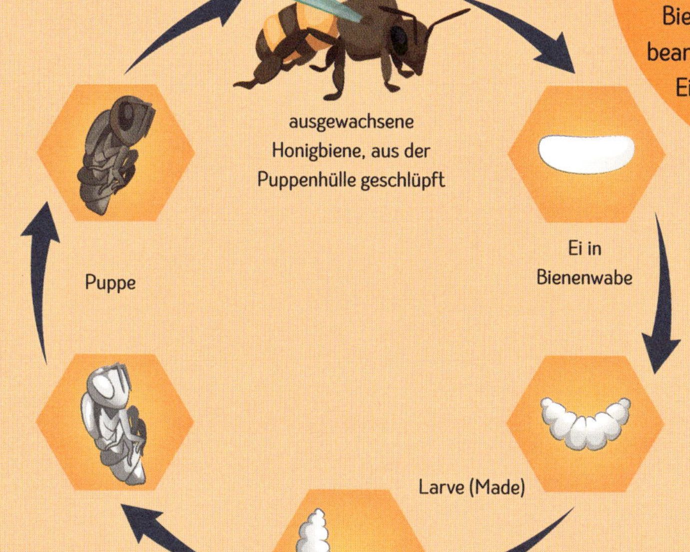

WILDBIENEN

Bienenarten, die nicht als „Haustier" genutzt werden wie die Honigbiene, nennt man Wildbienen. Die meisten von ihnen leben allein, ohne Königin, ohne Hofstaat, und legen keinen Honigvorrat an. Es gibt nur Männchen und Weibchen, wobei die Weibchen ganz allein das Nest bauen und Brutpflege betreiben. Auch Hummeln zählen zu den Wildbienen. Sie bilden aber wie die Honigbienen Staaten.

Dunkle Erdhummel

In sonnigen, lichten Wäldern, an Waldrändern und auf Waldlichtungen finden Wildbienen geeignete Nistmöglichkeiten und Futterpflanzen. Damit sie überleben können, brauchen sie Baumstrünke, morsches Alt- und Totholz und offene, sandige Bodenstellen. In der Nähe der Nester muss außerdem ein reiches Blüten- bzw. Pollenangebot vorhanden sein.

Ungefähr 70 % der Wildbienen nisten im Boden: Das sind die sogenannten Erd- bzw. Sandbienen.

Die Königin der **Dunklen Erdhummel** legt ihr Nest in Hohlräumen in der Erde an, oft in verlassenen Mäusebauten oder in Steinhaufen. Sie baut keine Waben, sondern tönnchenartige Zellen für Pollen, Blütensaft und die Eier, aus denen die Larven schlüpfen. Haben sich die Larven verpuppt, schlüpfen bald schon die ersten Arbeitshummeln. Künftig sammeln sie die Nahrung und versorgen die Brut.

WILDBIENEN SIND DIE WICHTIGSTEN BESTÄUBER!

Honigbienen sind für die Bestäubung von Blütenpflanzen wichtig. Aber hättest du gedacht, dass Wildbienen noch viel fleißiger sind im Bestäuben? Felder mit Nutzpflanzen wie z. B. Kartoffeln oder Möhren bringen mehr Ertrag, wenn in der Nähe Wildbienen nisten.

Rostrote Mauerbiene

SO KANNST DU WILDBIENEN IM GARTEN UNTERSTÜTZEN!

- Lege mit deinen Eltern Bereiche mit Wildblumen an. Wähle dabei unterschiedliche Blüten in verschiedenen Formen aus, denn die Rüssel der einzelnen Wildbienenarten sind unterschiedlich lang. So findet jede Art genügend Nektar und Pollen.

- Vielleicht gibt es in eurem Garten freie sandige Bodenstellen? Die meisten Wildbienenarten nisten dort.

- Einige Wildbienenarten besiedeln abgeschnittene, markhaltige und verholzte Stängel wie z. B. von Brombeeren oder Himbeeren. Wenn du die verholzten Stängel abschneidest und ein Jahr lang senkrecht stehen lässt, ziehen hier vielleicht Wildbienen ein.

- Bitte keine Pestizide und Herbizide verwenden. Sie sind für Bienen gefährliche Nervengifte oder vernichten ihre Nahrungspflanzen!

BIENENHOTEL

DU BRAUCHST: Hohle Stängel (z. B. Bambus, Schilf-, Röhrichtstängel), Gartenhandschuhe, Gartenschere, Holzkästchen, alte Vogelhäuschen oder leere, saubere Konservendosen (auf beiden Seiten offen)

SO GEHT'S: Ziehe dir Handschuhe an, schneide die Stangen in kurze, gleich lange Stücke und bündele sie. Lass dir dabei helfen. Dicht gepackt in Holzkästchen, alten, ungenutzten Vogelhäuschen oder in Konservendosen kannst du sie an einer windgeschützten Wand anbringen. Vielleicht zieht bald der erste „Mieter" ein?

KÜHLENDES BLÄTTERDACH

Wenn wir auf schattigen Waldwegen spazieren gehen, fühlt sich die Luft angenehm kühl und feucht an. Kühl ist sie, weil die Blätter nur wenig Sonnenlicht durchlassen; feucht, weil die Blätter ständig Wasser abgeben, das sie über die Wurzeln aufgenommen haben.

GEBEN DIE BLÄTTER VON PFLANZEN WIRKLICH WASSER AB?

DU BRAUCHST: 1 hohes schmales Glas, Wasser, 1 Schere, 1 kleinen Zweig einer Pflanze (mehr als 5 Blätter, Stängel: 15 cm oder länger), Speiseöl, 1 Lineal, 1 Filzstift

SO GEHT'S: Fülle das Glas zu drei Viertel mit Wasser. Stelle den Zweig ins Wasser. Gieße Speiseöl ins Wasser, sodass sich eine 60-65 mm dicke Ölschicht bildet. Markiere mit dem Filzstift die Höhe des Wasserspiegels. Stelle das Glas auf ein sonniges Fensterbrett. Markiere eine Woche lang den Wasserstand, und zwar täglich.

WAS PASSIERT? Der Wasserspiegel sinkt Tag für Tag ein bisschen mehr, obwohl das Wasser wegen der Ölschicht nicht verdunsten kann.

WARUM? Die auf der Wasseroberfläche schwimmende Ölschicht verhindert, dass das Wasser aus dem Glas direkt verdunsten kann. Die Pflanze nimmt in unserem Experiment über den Stängel Wasser auf, das bis in die Blätter gelangt. Es verdunstet über die sogenannten Spaltöffnungen in den Blättern. Dadurch sinkt der Wasserspiegel im Glas.

WASSERLEITUNG IM BAUM

Pflanzen brauchen viel Wasser, denn ohne es kann die Fotosynthese (siehe S. 7) nicht richtig ablaufen. Das Wasser, das sie mit ihren Wurzeln aufgenommen haben, steigt in den dünnen Leitbahnen im Stängel bzw. Stamm auf, tritt durch die Poren der Blätter aus und verdunstet in der Luft. Die Wasserabgabe der Blätter bildet einen Sog, der das Wasser in den Leitbahnen nach oben zieht.

TRANSPIRATION ÜBER DIE SPALTÖFFNUNGEN

Die Abgabe von Wasser in Form von Wasserdampf aus dem Laubblatt nennt man **Transpiration**.
Stell dir vor: Mehr als 90 % des von den Pflanzenwurzeln aufgenommenen Wassers wird bei der
Transpiration als Wasserdampf wieder an die Atmosphäre (Lufthülle der Erde) abgegeben! Die
Transpiration erfolgt über die Spaltöffnungen. Das sind winzig kleine Poren auf der Unterseite des
Blattes. Eine Spaltöffnung besteht im einfachsten Fall aus zwei Schließzellen, zwischen denen ein
Spalt frei bleibt. Bei den meisten Pflanzen sind die Spaltöffnungen tagsüber geöffnet und nachts
geschlossen. Über sie kann die Pflanze einerseits Wasserdampf (H_2O) und das Gas Sauerstoff (O_2)
abgeben, andererseits das Gas Kohlenstoffdioxid (CO_2) aus der Luft aufnehmen.

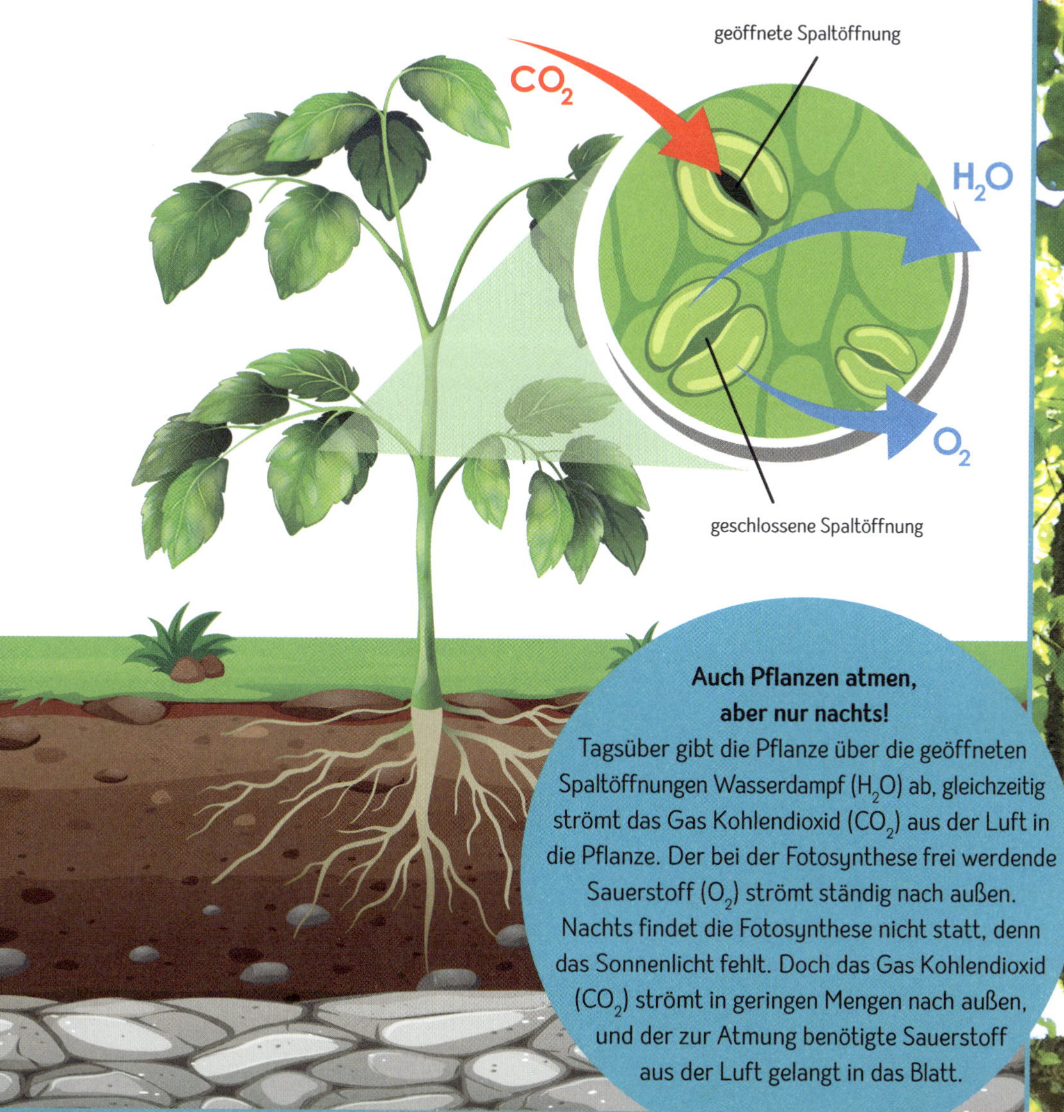

**Auch Pflanzen atmen,
aber nur nachts!**
Tagsüber gibt die Pflanze über die geöffneten
Spaltöffnungen Wasserdampf (H_2O) ab, gleichzeitig
strömt das Gas Kohlendioxid (CO_2) aus der Luft in
die Pflanze. Der bei der Fotosynthese frei werdende
Sauerstoff (O_2) strömt ständig nach außen.
Nachts findet die Fotosynthese nicht statt, denn
das Sonnenlicht fehlt. Doch das Gas Kohlendioxid
(CO_2) strömt in geringen Mengen nach außen,
und der zur Atmung benötigte Sauerstoff
aus der Luft gelangt in das Blatt.

ENDLICH IM FREIEN!

Schon im Frühjahr werden viele Tierkinder geboren. Im Sommer dürfen sie erstmals die Welt selbst erkunden und lernen, was zum Überleben wichtig ist. Das meiste gucken sie sich dabei von ihrer Mutter ab.

Ab Mitte Juni dürfen die **Fuchs-Kinder** zum ersten Mal den unterirdischen Bau, in dem sie geboren wurden, verlassen. Nun fangen sie an, ihre Umgebung kennenzulernen und nach Nahrung zu suchen. Diese besteht hauptsächlich aus Mäusen und anderen Nagetieren, aber auch kleine Bodentiere, Beeren oder Früchte stehen auf dem Speiseplan. Damit sie den Mäusefang lernen, legt die Fuchsmutter ihren Kindern lebende Mäuse vor die Pfoten. Sie zeigt ihnen auch, wie man Mäusenester aufspürt und ausgräbt.

Der Fuchsbau liegt meist in Waldrandnähe, oft an einem Hang. Vor dem Eingangsloch findet man Erdaushub und Reste von Mahlzeiten. Außerdem riecht es dort wie im Raubtierhaus.

NACHTAKTIV

Tagsüber ruhen sich alle Füchse im Bau aus. Erst in der Dämmerung wagt man sich heraus. Nun beginnt die Suche nach Nahrung. Diese besteht hauptsächlich aus Mäusen und anderen Nagetieren, aber auch Vögel, kleine Bodentiere, Beeren oder Früchte stehen auf dem Speiseplan. Im Winter werden auch Aas und Abfälle nicht verschmäht.

Ursprünglich war der Fuchs ein Waldbewohner, doch inzwischen besiedelt er auch Gärten und Parkanlagen in der Großstadt. Sein Revier markiert er mit Kot und Urin. Es umfasst fünf bis 20 Quadratkilometer rund um den unterirdischen Bau.

Im Juni, manchmal auch schon im Mai, bringt die Rehmutter ein Junges, das **Rehkitz**, zur Welt. Sein Fell ist rotbraun und seitlich und am Rücken weiß punktiert. Eine gute Tarnung auf grünen Wiesen, denn Feinde wie Wolf oder Luchs können Rot nicht von Grün unterscheiden. Eine Woche lang bleibt das Kleine allein versteckt in hohem Gras liegen. Die Mutter besucht es nur zum Säugen. Ab dem sechsten Lebenstag kann es erstmals grüne Blätter und Kräuter knabbern. Wenn es vier Wochen alt ist, folgt es seiner Mutter zur Nahrungssuche. Sie bringt ihm auch bei, wie man sich bei Gefahr verhält.

Die Jungen des Eichhörnchens kommen zwischen März und August in einem Baumnest (Kobel) zur Welt. Im Alter von acht Wochen dürfen sie es zum ersten Mal verlassen. Mutter und Kinder bleiben aber noch weitere vier Monate zusammen. In dieser Zeit lernen sie, was essbar ist, wie man von Ast zu Ast hüpft und wie man Nahrungsvorräte vergräbt. Am liebsten mögen Eichhörnchen Früchte, Nüsse und Samen, aber auch Vogeleier werden gern stibitzt.

Wildschwein-Babys (Frischlinge) werden zwischen März und Mai geboren. Schon ein bis drei Wochen nach der Geburt, meist im Juni, folgen sie ihrer Mutter auf Schritt und Tritt. Begleitet von Mama gehen sie auf Nahrungssuche und lernen, wie man Essbares aufspürt und wo die besten Schlafplätze sind. Beim Essen sind Wildschweine nicht wählerisch. Auf dem Speiseplan stehen Gras, Kräuter, Knollen, Wurzeln, Früchte und Samen, Würmer, Insekten, Mäuse und Aas.

SCHNELLE HOPPLER

Wer ist denn da vorbeigehoppelt? War es ein Feldhase oder ein Wildkaninchen?
Schauen wir uns die beiden mal etwas genauer an!

Mit den langen Hinterbeinen und den etwas kürzeren Vorderbeinen kann der Feldhase weite Sprünge machen und Haken schlagen.

Der **Feldhase** lebt in offenen Landschaften mit Äckern und Wiesen, die durch Hecken, Gebüsch und Feldgehölze gegliedert sind. Seine Nahrung besteht aus Pflanzen wie Gräser, Kräuter, Getreide oder Kohl. Tagsüber hält sich der Einzelgänger in einem windgeschützten Versteck auf. Meist liegt er in einer Mulde, die Sasse genannt wird. Droht Gefahr, drückt er sich ganz fest in die Sasse. Dann ist er mit seinem bräunlichen Fell kaum zu sehen. In der Dämmerung wagt er sich zur Nahrungssuche aus der Deckung.

Auffallendstes Merkmal des Feldhasen sind die langen Ohren, die Löffel, die an der Spitze schwarz-weiß gefärbt sind. Sie sind sehr beweglich und können Geräusche gut orten. Sein kurzer Schwanz auf der Oberseite ist schwarz und unten weiß und wird „Blume" genannt.

Die Häsin kann mehrmals im Jahr Junge bekommen. Paarungszeit ist von Januar bis September. Die ersten Jungen werden Ende Februar/März in einer windgeschützten Erdmulde geboren. Ein Wurf besteht aus zwei bis fünf Jungen. Feldhasen sind Nestflüchter: Sie kommen schon mit Fell auf die Welt und können nach der Geburt sofort laufen und sehen. Findest du ein Jungtier allein auf der Wiese, braucht es meist keine Hilfe. Fasse es nicht an, denn dann würde die Mutter es nicht mehr versorgen! Der kleine Hase wartet versteckt in einer Mulde im Gras auf die Mutter, die zweimal am Tag zum Säugen vorbeikommt.

UNTERIRDISCHE WOHNGEMEINSCHAFT

Wildkaninchen legen ihre unterirdischen Baue meist in hügeligem Gelände an. Die Wohnbaue sind weit verzweigt, haben mehrere Ein- und Ausgänge und können mit den in verschiedenen Etagen angelegten Gängen und Wohnkesseln bis zu drei Meter tief und 45 Meter lang sein. Hier leben viele Männchen und Weibchen gemeinsam mit ihren Jungen. Damit es nicht ständig Streit gibt, herrscht eine strenge Rangordnung, die durch Kämpfe festgelegt wird.

Der sogenannte Setzbau, in dem die Wildkaninchenmutter ihre Jungen zur Welt bringt, besteht aus einer bis zu 2,5 m langen Röhre, die 50 cm tief unter der Erde angelegt und mit Pflanzenmaterial ausgepolstert wird. Fünf bis siebenmal im Jahr können Wildkaninchen Junge bekommen. Die Kleinen sind Nesthocker: Sie werden blind und nackt geboren und sind darum völlig auf die Hilfe der Mutter angewiesen. Erst wenn sie älter sind, wenn sie sehen können und ihr Fell gewachsen ist, wagen sich die Kaninchenkinder aus Bau.

WILDKANINCHEN ODER FELDHASE?

Feldhase: schwarze Löffelspitzen, bernsteinfarbene Augen; Gewicht 4-6 kg, 60-70 cm lang, Einzelgänger. Die Jungen sind Nestflüchter.

Wildkaninchen: einfarbige Ohren, dunkelbraune Augen; Gewicht 1-2 kg, 34-50 cm lang, geselliger WG-Bewohner. Die Jungen sind Nesthocker, d. h. sie bleiben eine Zeit lang in der Setzröhre im Bau.

BLÄTTER UND IHRE ADERN

Das Wasser, das die Wurzeln aus dem Boden aufgenommen haben, gelangt über die Leitbündel im Stängel (oder Stamm) bis in die Blätter. Ein Leitbündel kannst du dir als längliches Röhrchen, ähnlich einem Strohhalm, vorstellen. Auch in den Blättern gibt es Leitbahnen, die Blattadern. In ihnen werden Wasser und Nährstoffe, aber auch der vom Blatt hergestellte Zucker transportiert. Außerdem verstärken sie das Blatt, machen es stabiler.

Mit dem bedruckten T-Shirt und einem Blätterkranz siehst du aus wie eine grüne Waldfee oder ein Blättertroll. Viel Spaß beim Spielen!

LEITBAHNEN IM BLATT

parallel verlaufende Adern

Mittelrippe

Blatt mit unverzweigten Blattadern

Blatt mit verzweigten Blattadern

LEITBAHNEN IM STÄNGEL

Wenn man den Stängel quer durchschneidet,
sieht man, dass die Leitbündel wie auf unserem
Bild oft kreisförmig angeordnet sind. Jedes
Leitbündel besteht aus zwei Teilen: dem
Siebteil (Phloem) und dem Holzteil (Xylem).
Im Siebteil wird der in den Laubblättern der
Pflanze gebildete Traubenzucker in die Spei-
cherorgane und Wurzeln geleitet. Im Holzteil
werden Wasser und die darin gelösten Mine-
ralsalze von der Wurzel aus bis zu den Blättern
transportiert.

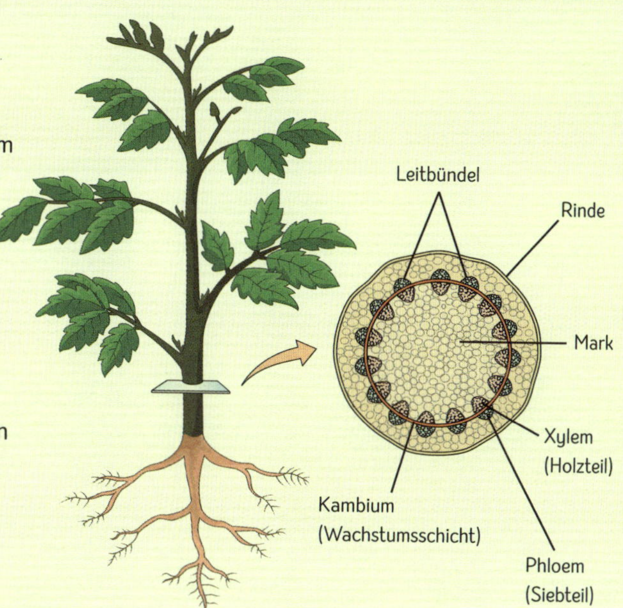

BLÄTTERDRUCK

DU BRAUCHST: verschiedene Blätter von Bäumen
oder Büschen, grüne, orange, rote, braune Farbe
(Acrylfarbe bzw. Stofffarbe), Pinsel, Zeitungspapier als
Unterlage, Kartonpapier oder weißen Stoff (z. B. T-Shirt aus
Baumwolle, Stoffbeutel, Kissenhülle oder Schürze)

SO GEHT'S: Lege verschiedene Blätter zwischen Zeitungspapier und
beschwere sie mit einem dicken Buch. Nach etwa einem Tag sind sie schön
platt. Lege sie nun auf Zeitungspapier und bepinsele die oben liegende Rück-
seite mit Farbe. Willst du auf Papier drucken, nimmst du Acrylfarbe, um Stoff zu
bedrucken brauchst du spezielle Stofffarbe. Lege das Blatt mit der Farbseite nach unten auf
das Papier oder auf die Vorderseite des T-Shirts. Drücke das Blatt gut fest und ziehe es anschließend wieder ab. Lasse das bedruckte Papier bzw. das T-Shirt gut trocknen. Bitte einen
Erwachsenen, das trockene T-Shirt etwa fünf Minuten auf Baumwolltemperatur von links zu
bügeln. Nun ist die Farbe waschfest!

Auf der Blattunter-
seite sind die Blattadern
besonders gut zu erkennen.
Wenn du diese Seite mit
Farbe einpinselst, drücken
sie sich später auf Papier
oder Stoff ab.

AUTSCH! DAS BRENNT!

Ohne Blüten sehen die Blätter der beiden Pflanzenarten auf den ersten Blick ziemlich ähnlich aus. Doch die Blätter der Brennnessel „brennen", wenn man sie anfasst, die der Taubnesssel nicht.

WAS BRENNT EIGENTLICH BEI DER BRENNNESSEL?

DU BRAUCHST: Brennnesseln, 1 Paar Gummihandschuhe, 1 Lupe

SO GEHT'S: Ziehe die Gummihandschuhe an und betrachte die Brennnesselpflanze von allen Seiten mit der Lupe. Ziehe einen Gummihandschuh aus und streiche mit der freien Hand von unten nach oben über die Blätter.

WAS PASSIERT?

Unter der Lupe erkennst du am Blattrand und auf der Unterseite viele kleine Deckhaare. Die großen, steifen Brennhaare befinden sich auf beiden Seiten des Blattes und auf dem Stängel. Wenn du mit bloßer Hand von unten nach oben über die Blätter streichst, „brennt" die Brennnessel nicht auf der Haut.

WARUM? Die Brennhaare der Brennnessel, die auf dem Stängel sowie der Ober- und Unterseite der Blätter verteilt sind, tragen an der Spitze ein kleines Köpfchen, das leicht abbricht, vor allem, wenn man von oben nach unten darüber streift. An der Bruchstelle des Brennhaars bleibt eine harte Spitze zurück, die in die Haut sticht. Gleichzeitig fließt aus dem unteren Teil des Brennhaars eine Flüssigkeit in die Wunde und verursacht einen brennenden Schmerz. Streicht man jedoch von unten nach oben über die Blätter, brechen die Köpfchen der Haare nicht so leicht ab. Deshalb „brennt" die Haut dann nicht.

Die Große Brennnessel ist Raupenfutterpflanze von zahlreichen Schmetterlingsarten. Die Raupe des Tagpfauenauges zum Beispiel ernährt sich ausschließlich von Brennnesseln (siehe auch S. 57).

Die **Große Brennnessel** zählt zur Familie der Brennnesselgewächse. Die Brennnessel hat ihren Namen zu Recht, denn kommst du mit ihr in Berührung, so „verbrennt" sie deine Haut, und es bilden sich schmerzhafte, rote Schwellungen. Die Brennhaare sind ein Schutzmechanismus der Pflanze, mit dem sie sich gegen ihre Fressfeinde wehrt. Kühe zum Beispiel fressen Brennnesseln genauso wenig wie stachelige Disteln.

Blütezeit: Juli bis Oktober

Ihre Blüten sind unscheinbar. Sie werden vom **Wind bestäubt**. Die grünlichen Einzelblütchen bilden eine Rispe.

Die **Weiße Taubnessel** zählt zur Familie der Lippenblütler.

Blütezeit: April bis Oktober

Ihre Blüten sind größer und auffälliger als die der Brennnessel. Bestäubt werden sie von Bienen, vor allem von **Hummeln**, die mit ihrem langen Rüssel gut an den tief liegenden Nektar der Blüte gelangen.

Die zweilippigen Blüten von Taubnesseln sind weiß oder wie bei der Purpurnen Taubnessel violett gefärbt.

Beide Arten wachsen in Wäldern, an Wald- und Wegrändern, verwilderten Gärten, an Hecken oder auf Schuttplätzen. Oft kommen sie sogar gemeinsam vor!

SPRINGKRÄUTER

Im Mai sind die grünen Blätter des Springkrauts noch ganz unscheinbar. Ab Juni aber fällt die Pflanze auf, denn dann erscheinen die Blüten, die ein bisschen so aussehen wie Orchideen. Hirsche und Kühe knabbern gern am Kraut herum.

Eine einzige Springkrautpflanze kann viele tausend „springende" Samen bilden. Nicht nur das Wort „Springkraut", auch der lateinische Gattungsname Impatiens = „unduldsam" leitet sich davon ab. Der lateinische Name des Großen Springkrauts lautet „Impatiens noli-tangere". Noli tangere heißt übersetzt „nicht berühren"!

Das **Drüsige Springkraut** blüht zwischen Juni und Oktober. Es wird 50-200 cm lang. An der Pflanze sind oft gleichzeitig Knospen, Blüten und Kapselfrüchte vorhanden. Es wächst vor allem an Bach- und Flussufern, immer wieder auch an Weg- und Waldrändern, in Gräben, auf Brachland und in Gärten.

Ursprünglich stammt die Pflanze aus dem Himalaya, einem Gebirge in Asien. Im 19. Jahrhundert wurde sie als Zier- bzw. Bienenfutterpflanze nach Europa eingeführt. Inzwischen hat sich die Art stark ausgebreitet und oft schon heimische Arten verdrängt. Blattstiel und Blätter riechen unangenehm. Die 3-4 cm langen Blüten aber duften süßlich.

Alle Pflanzenteile sind leicht giftig. In manchen Regionen verwendet man das Kraut als Brechmittel.

KRAUT MIT „SPRENGSTOFF"

Wenn du die reifen, fünfteiligen Kapselfrüchte berührst, rollen sich die elastischen Kapselseiten blitzschnell wie kleine Schlangen zurück. Dabei werden die 3 mm großen Samen bis zu sieben Meter weit herausgeschleudert. Dieser Schleudermechanismus kann auch durch kleinste Erschütterungen oder Regentropfen ausgelöst werden.

Aber woher kommt diese Sprengkraft? Reift eine Kapselfrucht, bildet sich in den Zellen, aus denen sie besteht, viel Zellsaft. Der Druck auf die Zellwände steigt, die Wände der Frucht schwellen an. Ist ein bestimmter Druck überschritten – zum Beispiel durch eine Berührung – reißen die Wände der Kapselfrucht an vorgebildeten Nähten explosionsartig auf. Durch die dabei freigesetzte Kraft wird der Samen weit verstreut.

Das **Große Springkraut** findest du an schattig-feuchten Waldstellen, in Wäldern und an Bachrändern. Es blüht zwischen Juli und August und wird 30-70 cm lang. Du erkennst es an seinen gelben Blüten. Bestäubt wird es von Hummeln und Bienen.

WORAN ERKENNT MAN EIN INSEKT?

Im Sommer kann man auf Wiesen, an Wald- und Wegrändern oder in naturnahen Gärten unzählige kleine Krabbeltiere beobachten. Viele, aber nicht alle, sind Insekten.

Insekten erkennst du sofort an diesen Merkmalen:

- am dreigliedrigen Körper aus Kopf, Brust und Hinterleib

- an den sechs Beinen

- an einem Fühlerpaar am Kopf

Die meisten Insekten, aber nicht alle, tragen außerdem:

- zwei Paar Flügel, wobei diese ganz oder teilweise auch zurückgebildet sein können.

Insekten mit zurückgebildeten Flügeln:

- Silberfischchen

- Tierläuse

- Flöhe

- die Arbeiterinnen der Ameisen

Silberfischchen

Kopflaus

Diese Tiere sind keine Insekten:

- **Asseln**, sie haben 14 Beine

- **Krebse** wie z. B. die Strandkrabbe, sie haben zehn Beine

- **Spinnentiere**, zu denen auch Milben und Zecken zählen, sie haben acht Beine

- **Tausendfüßer**, sie haben viele Beine, manche Arten bis zu 750!

Wanze

Heuschrecke

Milbe

Schmetterling

Es gibt ganz schön viele verschiedene Insektengruppen. Kannst du diese hier zuordnen? Zwei davon sind keine Insekten! Findest du sie?
Motte
Biene
Libelle
Spinne
Käfer
Raupe (Larve eines Schmetterlings)
Heuschrecke
Floh
Ameise
Fangschrecke
Wanze
Fliege
Schmetterling
Käfer
Käfer
Wespe
Kakerlake
Mücke

EI, RAUPE, PUPPE, IMAGO

Jedes Insekt entwickelt sich aus einem befruchteten Ei. Die „Insektenkinder", die aus dem Ei schlüpfen, nennt man Larven. Sie sehen kein bisschen wie ihre Eltern aus und leben ohne sie, an völlig anderen Orten. Manche verbringen ihre Jugendzeit im Holz, andere im Wasser, wieder andere in der Erde, im Mist oder in Pflanzenteilen. Hier finden die Larven die Nahrung, die sie zum Weiterwachsen brauchen.

ENTWICKLUNG DES SCHWALBENSCHWANZES

Aus den Eiern, die ein Schmetterlingsweibchen auf einer Futterpflanze abgelegt hat, entwickeln sich kleine Raupen. Diese ernähren sich von der Futterpflanze, wachsen und häuten sich mehrmals und bauen sich schließlich einen Kokon oder ein Gespinst, in dem die Verpuppung stattfindet. Im Kokon verwandelt sich die Puppe in das ausgewachsene Insekt (Imago), den Schmetterling, der ausschlüpft, herumflattert, Blüten mit Nektar anfliegt und sich irgendwann mit einem anderen Schmetterling derselben Art paart.

Da die Raupenfutterpflanzen des Kohlweißlings fast überall wachsen, zählt diese Schmetterlingsart zu den häufigsten in Mitteleuropa.

Kleiner Kohlweißling und seine grüne Raupe

Tagpfauenauge mit Raupen und Puppen

RAUPEN BEOBACHTEN

DU BRAUCHST: 1 großes Einmachglas, Gummiband, 1 Wassersprühflasche, Küchenpapier, Musselin (luftdurchlässiger Stoff), Stöckchen, Schere, Plastikhandschuhe, Raupen auf Brennnesseln und frische Brennnesseln oder Raupen auf Kohlblättern

SO GEHT'S: Bereite zunächst die Raupenwohnung vor. Schneide den Musselin so zu, dass er die Glasöffnung und einen Teil der Seitenwand gut bedeckt. Lege das Glas mit Küchenpapier aus und befeuchte es mit Wasser aus der Sprühflasche. Ziehe Plastikhandschuhe an und sammle frische Brennnesseln oder Kohlblätter. Lege sie zusammen mit dem Stöckchen in den Behälter und setze anschließend die Raupen vorsichtig auf die Blätter. Lege den luftdurchlässigen Stoff über die Glasöffnung und fixiere ihn mit Gummiband, sodass er über die Öffnung gespannt ist. Wenn die Blätter verwelkt sind, musst du sie sofort durch frische ersetzen. Schmutziges Küchenpapier ziehe heraus und tausche es.

(MAI-)KÄFER, FLIEG!

Im Sommer kannst du auf Gräsern, Blüten und Blättern jede Menge Käfer beobachten. Maikäfer waren vor 50 Jahren noch sehr häufig. Da sie große Schäden an Nutzpflanzen anrichten können, wurden sie fast ausgerottet. Inzwischen haben sich einige Bestände wieder erholt. In den Ästen von Laubbäumen kannst du nach ihnen Ausschau halten.

Das ist ein ausgewachsener **Maikäfer**. Er wird bis zu 3 cm lang. Seine Nahrung sind die Blätter von Laubbäumen. Hauptflugzeit ist im Mai und Juni. Nach der Paarung legt das Weibchen Eier in die feuchte Erde. Nach einigen Wochen schlüpfen Engerlinge. Sie sind gleich auf sich allein gestellt, die Mutter kümmert sich nicht um sie.

Imagines (geschlechtsreife Käfer) erkennst du an diesen Merkmalen:

- **sechs Beine** (wie alle Insekten)
- **vier Flügel**
- davon **zwei hartschalige Flügeldecken**, die die zwei darunter liegenden häutigen Flügel bedecken.
- **Kopf** mit Augen, Fühlern und Mundwerkzeugen
- **Brust aus drei Teilen.** An Vorder-, Mittel- und Hinterbrust ist jeweils ein Beinpaar verankert.
- **Hinterleib** aus 8-9 Teilen (Segmenten)

EI, LARVE, PUPPE, IMAGO

Aus Käfer-Eiern schlüpfen keine fertigen Käfer, sondern Larven. Sie ähneln kleinen Würmern und werden bei einigen Käferarten „Engerling" genannt. Manche Käferlarven verbringen ihre Jugendzeit im Holz, andere in der Erde, im Mist oder in Pflanzenteilen. Nach dem Ende der Larvenzeit verpuppen sie sich. Aus der Puppe schlüpft ein erwachsener, geflügelter Käfer.

Käfer

Eier

Larve

Puppe

Entwicklung des Marienkäfers

Asiatischer Marienkäfer

Länge: 6-8 mm, meist 19 schwarze Flecken auf den hell- bis dunkelroten Flügeldecken. Die Art wurde zur biologischen Schädlingsbekämpfung nach Europa eingeführt. Die Marienkäfer und deren Larven fressen pro Tag 100 bis 270 Blattläuse!

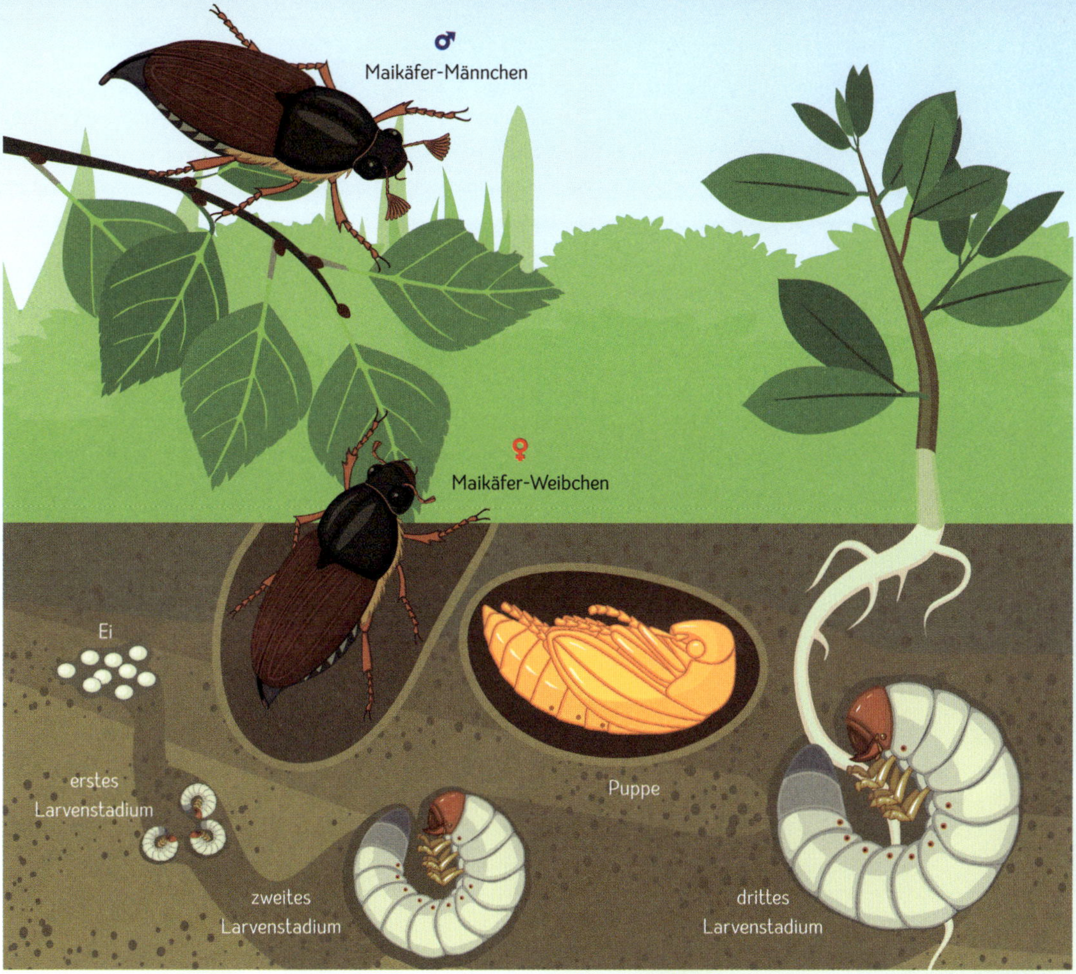

Der Maikäfer-Engerling lebt in der Erde. Seine Jugendzeit dauert drei bis fünf Jahre. Die Nahrung besteht hauptsächlich aus Wurzeln. Im letzten Jahr verpuppt sich der Engerling, und im Herbst schlüpft ein flugfähiger Maikäfer aus der Puppenhülle. Er überwintert bis zu einem Meter tief im Boden. Erst im Mai kriecht er nach oben an die Erdoberfläche und fliegt los.

KENNST DU DIESE KÄFER AUCH?

Siebenpunkt-Marienkäfer
Länge: 6-8 mm, sieben schwarze Punkte auf den orangeroten Flügeldecken

Roter Weichkäfer
Länge: 7-10 mm, rotgelbe Färbung, Fühler lang und fadenförmig

Wald-Mistkäfer
Länge: 12-19 mm, schwarzblaue Färbung, Fühler rotbraun

Kleiner Eichenbock
Länge: 17-28 mm, Fühler zumindest ebenso lang; Körper schwarz mit gekörnter Oberfläche

DA ZIRPT WAS!

Wenn du im Sommer durch Wiesen streifst, kannst du den Gesängen der Heuschrecken lauschen. Die Männchen „singen", um Weibchen anzulocken. Ihre Laute erzeugen sie aber nicht mit den Stimmbändern wie wir, sondern durch Reiben der Beine oder Flügel. Wenn du näherkommst, unterbrechen die Heuschrecken ihr Schwirren und Zirpen. Manchmal machen sie auch einen Satz und hüpfen davon. Also: Besser langsam anschleichen, dann kannst du ihnen länger zuhören!

Erwachsene Heuschrecken erkennst du an diesen Merkmalen:

- **sechs Beine** (wie alle Insekten), die Hinterbeine sind zu Sprungbeinen ausgebildet

- **vier Flügel**, davon zwei schmale Vorderflügel und zwei breite, in Ruhelage eingefaltete Hinterflügel

- **Kopf** mit Augen, Fühlern und Mundwerkzeugen

- **Brust aus drei Teilen**, an Vorder-, Mittel- und Hinterbrust ist jeweils ein Beinpaar verankert.

- **Langfühlerschrecken** wie das Grüne Heupferd haben lange Fühler. Sie bewegen beim Singen die übereinandergelegten Vorderflügel, auf denen die Zirp-Organe sitzen, gegeneinander.

- **Kurzfühlerschrecken** wie der Gemeine Grashüpfer haben kurze Fühler. Beim Singen reiben die meisten Kurzfühlerschrecken die Hinterbeine an den Adern der Vorderflügel.

ENTWICKLUNG VON HEUSCHRECKEN

Paarung

ausgewachsene Heuschrecke (Imago)

Larve (Nymphe)

Eiablage

Den Winter überdauern die meisten Heuschrecken-arten als Ei.

Ei, Larve, Imago

Je nach Art werden die Heuschrecken-Eier entweder in der Erde, in Pflanzenstängeln, in Baumrinde oder an Blättern abgelegt. Die aus den Eiern schlüpfenden Larven sehen fast so aus wie ihre Eltern u haben auch eine ähnliche Lebensweise. Oft lassen sich ältere Larven gar nicht richtig von ausgewachsenen Tieren (Imagines) unterscheiden.

Der **Gemeine Grashüpfer** wird nur 1,3-2 cm lang. Er lebt auf sonnigen Wiesen, an Böschungen und an Wegrainen, die weder zu nass noch zu trocken sind, und ist vielerorts noch häufig. Seine Nahrung ist rein pflanzlich, sein Gesang ist 10 m weit zu hören. Böse ist er nicht. „Gemein" soll ausdrücken, dass das Tier nicht außergewöhnlich und weit verbreitet ist.

Das **Grüne Heupferd** wird rund 3-4 cm lang. Du findest diese Langfühlerschrecke in Brachen (d. h. auf krautreichen, nicht mehr bestellten Feldern), an sonnigen Weg- und Waldrändern, immer an warmen, trockenen und windgeschützten Stellen mit mindestens 30 cm hohen Pflanzen. Die Nahrung besteht hauptsächlich aus Insekten, aber auch aus Pflanzen. Um Weibchen anzulocken sitzt das Männchen meist erhöht in Hochstauden, Sträuchern, Büschen oder Bäumen. Den lauten Gesang kann man schon aus 200-300 m Entfernung hören.

Die **Europäische Wanderheuschrecke** wird 3-5 cm lang. Sie kommt in Europa nur in warmen Gebieten am Mittelmeer vor. So sieht sie mit ausgebreiteten Flügeln aus. Sie ernährt sich von Gräsern und kann, wenn sie in Schwärmen auftritt, große Schäden in der Landwirtschaft anrichten.

AMEISENHÜGEL

An sonnigen Waldrändern und anderen lichten Stellen in Laub- und Nadelwäldern kannst du die großen Bauten der Roten Waldameise entdecken. Sie werden auf einem morschen Baumstumpf aus Baumnadeln, kleinen Ästen und Moos angelegt und können bis zu drei Meter hoch sein. Schau genau, wie es auf dem Hügel wuselt!

Die **Rote Waldameise** zählt zu den Staaten bildenden Insekten. Im Ameisenstaat übernehmen die ungeflügelten Arbeiterinnen fast alle Aufgaben: Sie füttern die Eier legende Königin, versorgen die Larven und weißen Puppen (oft auch „Ameiseneier" genannt), bauen das Nest aus und bewachen es. Die geflügelten Männchen spielen nur kurze Zeit für die Begattung der Königin eine Rolle, danach sterben sie.

Ameisen sind für die Lebensgemeinschaft Wald sehr wichtig. Sie zerschneiden morsches Holz, verbreiten Pflanzensamen (z. B. Veilchen), beseitigen Kadaver (gestorbene Tiere), fangen Schmetterlingsraupen und Käferlarven und verhindern damit die Massenvermehrung von Schädlingen.

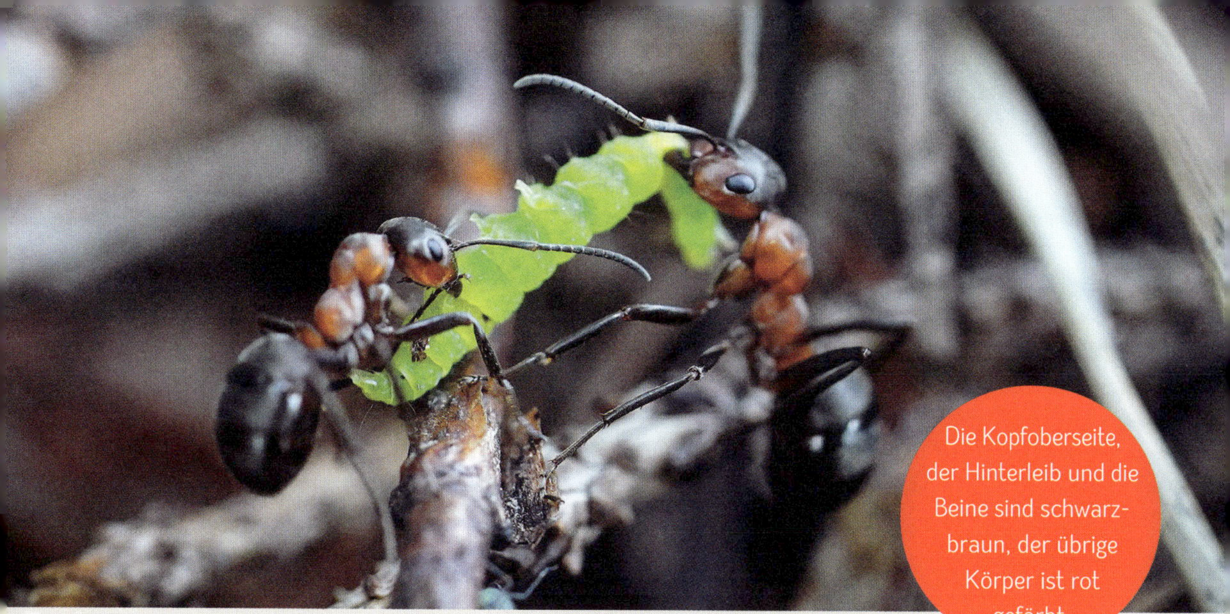

Die Rote Waldameise frisst hauptsächlich Insekten, deren Larven und Spinnentiere. Aber auch Baumsäfte und der Honigtau von Blatt- und Schildläusen werden gern genascht. Weil sie große Mengen an Waldschädlingen wie z. B. Insektenlarven vertilgen, gelten Waldameisen als Nützlinge. Meist jagen sie in Gruppen und tragen die Beute gemeinsam in den Bau. Mit ihren kräftigen Mundwerkzeugen beißen sie ihren Feind und spritzen eine ätzende und stechend riechende Flüssigkeit, die Ameisensäure, in die Wunde. Die stark riechende Säure lockt weitere Arbeiterinnen an, die nun ebenfalls Säure auf den Feind spritzen. Haben wir Menschen einen Biss abgekriegt, ist das nicht gefährlich. Die Haut wird aber rot, juckt und brennt.

Ameisen sind stark. Mehrere Arbeiterinnen können zusammen selbst größere Tiere – wie beispielsweise eine tote Maus – wegschleppen. Im Winter fallen die Ameisen in Kältestarre und fressen nichts mehr, bis es wieder wärmer wird.

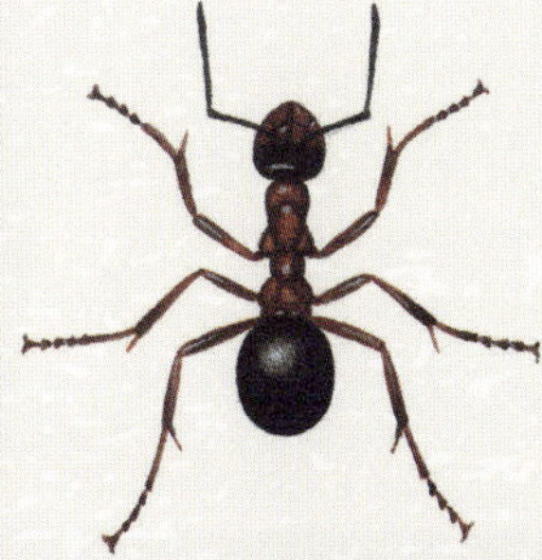

Wie alle Ameisenarten besitzt die Rote Waldameise eine Wespentaille mit zwei abgeschnürten Gliedern zwischen Vorder- und Hinterleib. Flügel sind nur kurzzeitig bei der Königin und den Männchen ausgebildet, die im Mai und Juni zur Paarung ausschwärmen. Die Arbeiterinnen, die kräftige Kiefernzangen und große Köpfe besitzen, sind flügellos.

Fühlt sich eine Waldameise bedroht, zum Beispiel von uns Menschen, beißt sie und gibt Ameisensäure in die Bissstelle ab.

Ameisenhügel
am Waldrand

GLÜHWÜRMCHEN

Bei warmem Wetter im Juni und Juli kannst du in der Dunkelheit tanzende leuchtende Punkte sehen. Das glimmende Leuchten stammt von Leuchtkäfern. Sie halten sich an Waldrändern, in Gebüschen, auf feuchten Wiesen, Weinbergen, in Gärten, Parks, in Laub und Moos, unter faulendem Holz auf. Aber du wirst sie nie in dichtem Wald, nie in Nadelwäldern finden!

Oft werden Leuchtkäfer auch **Glühwürmchen** genannt, vielleicht, weil auch die Larven Licht aussenden und die Weibchen nicht fliegen können. Es sind aber keine Würmer, sondern Käfer, und glühen können sie nicht, denn sie erzeugen mit dem Leuchten keine Wärme. Leuchtkäfer leuchten kalt-weiß, ähnlich wie eine kleine LED-Lampe – aber ganz ohne Strom! Und: Sie leuchten nur, wenn es dunkel ist.

Die Männchen des **Großen Leuchtkäfers** sind 10-12 mm lang. Sie fliegen herum und senden auf der Suche nach Weibchen Lichtsignale aus.

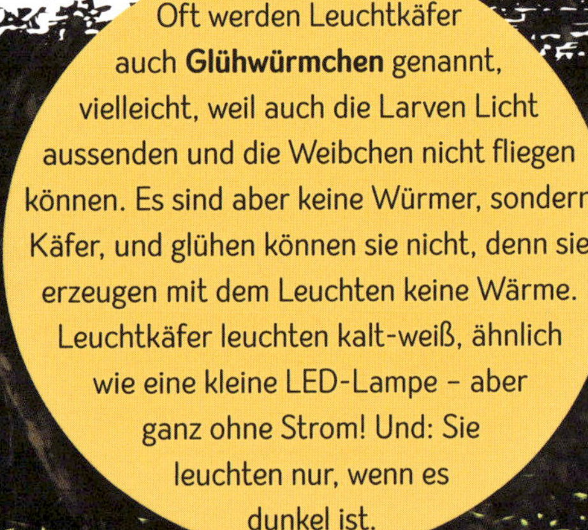

Die 15-20 mm langen **Leuchtkäfer-Weibchen** sehen eher wie Larven aus. An der Unterseite tragen sie Leucht-platten oder Leuchtfelder, mit denen sie auf Gräsern oder Ästen sitzend Lichtsignale aussenden können. Nach der Paarung legt das Weibchen Eier am Boden ab. Aus ihnen schlüpfen Larven, die sich verpuppen, wenn sie eine bestimmte Größe erreicht haben.

DIE RICHTIGEN PARTNER FINDEN

Helligkeit, Lichtfarbe, die Form des Leuchtkörpers und die zeitlichen Abstände zwischen den Signalen, das alles hilft den Männchen, die Weibchen der eigenen Art zu erkennen. Das am hellsten leuchtende Weibchen lockt die meisten Männchen an.

Leuchtkäferlarven leben in der Laubstreu. Sie ernähren sich von Schnecken, die oft viel größer sind als sie selbst. Ihre Beute töten sie mit einem Giftbiss und fressen sie dann auf. Die Lichtsignale, die die Larven manchmal aussenden, sollen Angreifer abschrecken.

Die ausgewachsenen Käfer fressen gar nichts. Sie leben ohnehin nur wenige Tage. Kurz nach der Paarung und Eiablage sterben sie ab.

So sieht das Männchen des **Großen Leuchtkäfers** bei Tageslicht aus. Nachts leuchtet es fast gar nicht bzw. sehr viel schwächer als das Weibchen.

ZUM STAUNEN

„Biolumineszenz" nennen Wissenschaftler die Fähigkeit von Lebewesen, Licht zu erzeugen. Das Leuchtorgan der Glühwürmchen besteht aus spezialisierten Leuchtzellen. Sie enthalten den Leuchtstoff Luciferin, der mit einem anderen Stoff (Luciferase) einen sogenannten Komplex bildet. Sobald das Gas Sauerstoff an diesen Komplex gelangt, sendet das Luciferin Licht aus. Normalerweise gelangt Sauerstoff nicht an den „Lichtschalter", er wird woanders genutzt. Sobald jedoch ein Nervensignal das Leuchtorgan erreicht, wird in den Leuchtzellen ein weiteres Gas, das Stickstoffmonoxid, hergestellt. Es sorgt dafür, dass nun Sauerstoff zum Luciferin-Luciferase-Komplex gelangen kann, das Licht geht an.

SONNENBLUMEN

Diese großen gelben Blumen werden zur Ölgewinnung auf Feldern angebaut. Sie wachsen bis zu zwei Meter hoch und blühen von Juni bis Oktober. Schau dir die riesige „Blüte" der Sonnenblume mal genauer an. Sie ist eine Scheinblüte, die aus bis zu 15.000 kleinen Einzelblüten besteht. Zusammen bilden die Blütchen einen körbchenförmigen Blütenstand. In der Mitte der Scheinblüte stehen die bräunlichen Röhrenblüten, außen herum wachsen die gelben Zungenblüten, die Insekten anlocken. Die bräunlichen Röhrenblüten bilden, wenn sie befruchtet sind, Samen.

Sonnenblumen kannst du auch in einen Topf mit Erde pflanzen. Sie brauchen einen sonnigen Standort und müssen regelmäßig gegossen werden. An heißen Tagen auch zweimal am Tag!

Viele Vogelarten lieben Sonnenblumen-kerne! Im Winter kannst du sie im Vogelhäuschen verteilen.

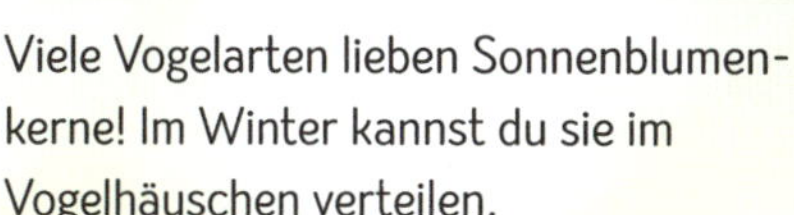

AUF DEM BAUERNHOF

Wildtiere darf man ja leider nicht streicheln. Auch weil sie mit Krankheiten infiziert sein können. Außerdem zeigen sie sich im Wald oder auf der Wiese nicht so oft, wie wir uns das wünschen. Bei Haustieren ist das anders. Wie wär's mit einem Ausflug? Auf einem Ferien-Bauernhof kannst du die Tiere von Nahem anschauen. Wenn du den Besitzer fragst, darfst du sie vielleicht sogar füttern! Achte darauf, was die Tiere essen dürfen und was sie gut vertragen.

Frische Äpfel und Karotten sind für **Pferde** Leckerbissen!

Stall-Kaninchen lieben frische Löwenzahnblätter und natürlich Möhrchen!

Ziegen, die im Stall gehalten werden, freuen sich über frisches Gras und Rüben. Einige giftige Wildpflanzen, Kohl, Brot und Kartoffelschalen dürfen sie aber nicht fressen!

Hühner fressen Würmer, Mais, Getreidekörner, Klee,
aber auch frisch gekochte Nudeln und Kartoffeln.
Schweine sind kluge Tiere und Allesfresser. Apfel-
stücke knabbern sie sehr gern.
Schafe fressen Gras und Heu, **Lämmchen** ernähren
sich mindestens drei Monate lang von der Milch des
Mutterschafs.

Tierkinder sind nicht immer scheu! Manche
beschnuppern neugierig die Besucher. Allerdings
mag es nicht jedes (Haus)tier, gestreichelt oder
auf den Arm genommen zu werden.

Nicht vergessen!
Nach jedem Kontakt mit
Tieren und ihren Näpfen
immer gründlich die Hände
waschen! Andernfalls kann
es passieren, du dich mit
Krankheitserregern
infizierst!

KIRSCHEN UND IHRE KERNE

Aus den bestäubten und befruchteten Kirschblüten entwickelt sich die rote Kirsche, eine Steinfrucht. Magst du frische Kirschen? Süßkirschen sind schon ab Ende Mai, Sauerkirschen erst Mitte August reif. Egal, ob süß oder sauer: Lass sie dir schmecken! Und vielleicht hast du Lust, einmal selbst Marmelade zu kochen?

KIRSCHMARMELADE OHNE ZUCKER

DU BRAUCHST: 300 g gewaschene und entsteinte Kirschen, 150 ml reiner Apfelsaft, ein Teelöffel Agar-Agar (als Geliermittel)

SO GEHT'S: Püriere die Kirschen mit einem Pürierstab. Vermische das Kirschpüree mit dem Apfelsaft und dem Agar-Agar. Bitte einen Erwachsenen, es 4 Minuten lang zu einer dickflüssigen Masse einzukochen. Die Kirschmasse füllt man in Gläser, verschließt diese fest und stellt sie für drei Minuten auf den Kopf. Dann wieder umdrehen und abkühlen lassen. Im verschlossenen Glas hält sich die Marmelade etwa vier Wochen, geöffnet im Kühlschrank aber nur eine Woche.

KIRSCHKERNKISSEN

DU BRAUCHST: etwa 500 g Kirschkerne, 1 l Essig, 1 Schüssel, Küchenkrepp, 1 kleine Kissenhülle

SO GEHT'S: Fülle eine Schüssel mit Essig und lege die Kirschkerne hinein, damit das restliche Fruchtfleisch entfernt wird. Wasche die Kerne gut mit Wasser ab und lege sie auf Küchenkrepp aus, damit sie gut durchtrocknen. Wenn die Kirschkerne staubtrocken sind, gibst du sie in die Kissenhülle und verschließt sie.

Im Tiefkühlfach gekühlt lindert das Kirschkernkissen Kopfschmerzen, am Ofen gewärmt hilft es bei Bauchweh oder Verspannungen.

HIMBEERZEIT

Himbeeren sind zwischen Juni und Juli reif, späte Sorten reifen erst zwischen August und Oktober. Wie gefällt dir das Himbeerrot? Weißt du, warum die meisten Himbeersorten so auffallend rot sind?

HIMBEEREN UNTERSUCHEN

DU BRAUCHST: Himbeeren, Brettchen, Lupe

SO GEHT'S: Lege die Beeren auf das Brettchen und halbiere sie mit dem Messer. Betrachte die Fruchthälften innen und außen mit der Lupe.

WAS PASSIERT? Du siehst, dass sich die Himbeerfrucht aus vielen kleinen Steinfrüchtchen zusammensetzt. Jedes Steinfrüchtchen enthält einen Samen, der vom saftigen Fruchtfleisch umgeben ist. Zusammen bilden sie eine sogenannte Sammelsteinfrucht.

GEFRESSEN UND VERBREITET WERDEN

Waldtiere wie Vögel, Mäuse oder Schnecken fressen und verdauen die süßen Früchte. Die harten Samen werden als Ganzes ausgeschieden und landen dann auf dem Waldboden. Hier keimen sie aus und wachsen zu neuen Pflanzen heran. Damit die Tiere die Früchte auch finden und fressen, sind sie leuchtend rot oder – wie Brombeeren – schwärzlich-rot gefärbt. Sie duften und enthalten wichtige Nährstoffe. Beerensamen, die den Magen-Darm-Trakt eines Tieres nicht passiert haben, keimen nicht erfolgreich aus. Der Kot selbst dient den Keimlingen als Dünger.

GARTENTIPP

Damit Himbeeren im nächsten Jahr wieder Früchte tragen, muss man die abgeernteten Ruten (Zweige) im Sommer oder im Herbst dicht über dem Boden abschneiden. Im Februar kürzt man die Spitzen der Fruchttriebe knapp über einer Knospe.

VANILLEEIS MIT HIMBEERPÜREE

DU BRAUCHST: 250 g Vanilleeis, 250 g tiefgekühlte Himbeeren, 50 g Zucker, 1 Topf, Pürierstab, Sieb, Eislöffel

SO GEHT'S: Gib die gefrorenen Himbeeren zusammen mit dem Zucker in einen Topf, erhitze ihn und lasse alles einige Minuten kochen. Bitte einen Erwachsenen, die heiße Masse mit dem Pürierstab zu pürieren und durch ein Sieb zu streichen. Verteile das Vanilleeis mit einem Eislöffel in Schälchen und gieße löffelweise Himbeersoße über das Eis. Verziere das Ganze mit einigen frischen Himbeeren.

SAFTIG SÜßE WASSERMELONEN

Was gibt es Köstlicheres, als an heißen Sommertagen in das saftig-süße Fruchtfleisch zu beißen? Erfrischender geht es kaum! Ursprünglich stammen Wassermelonen aus Westafrika. Heute werden sie weltweit in heißen, sonnigen und trockenen Gebieten angebaut. Die Pflanze hat gefiederte Blätter und kleine gelbe Blüten. Die kugelige Frucht mit einem Durchmesser von 20-60 cm ist eine sogenannte Panzerbeere, bei der die komplette Fruchtwand auch im Zustand der Reife saftig-fleischig und die Außenschale ledrig oder hart ist.

DEIN SOMMER-DRINK

DU BRAUCHST: Melonenfruchtfleisch ohne Kerne, Pürierstab, Gläser, Mineralwasser

SO GEHT'S:

1. Püriere das rote Fruchtfleisch.

2. Fülle das Püree in Gläser, verdünne es mit Mineralwasser.

3. Verziere deine Gläser noch mit Melonenscheiben! Das geht ganz einfach: Stich aus dünnen Melonenscheiben Formen wie z. B. Herzen aus. Stecke sie auf einen Schaschlikspieß und stelle sie ins Glas.

WAS MACHT MAN MIT MELONENKERNEN?

Kirschkernspucken kennst du bestimmt. Aber hast du auch schon einmal Melonenkerne gespuckt? Teste das doch mal im Garten mit Melonenkernen, aber natürlich nur, wenn die Erwachsenen nichts dagegen haben! Wer kommt am weitesten?

Melonenkerne lassen sich auch als Kollage auf Pappe kleben oder als Augen, Schnauzen oder Ohren von gemalten Tierfiguren verwenden. Lass dir dazu etwas einfallen!

MELONEN-GIRLANDEN

DU BRAUCHST: Pappteller, Plakafarbe in dunkelgrün, hellgrün und rot oder rosa, Schnur, dicker schwarzer Filzstift, Locher, Klebeband

SO GEHT'S: Schneide aus jedem Pappteller ungefähr fünf dreieckige „Tortenstücke" aus. Male den oberen (meist geriffelten) Rand deines „Tortenstücks" dunkelgrün und hellgrün aus. Das übrige Dreieck malst du rot oder rosa an. Wenn die Farbe getrocknet ist, malst du mit dem dicken schwarzen Filzstift Melonenkerne in das „Fruchtfleisch". Mit einem Locher knipst du ganz außen links und rechts ein Loch in den dunkelgrünen Rand jedes Melonenstücks. Zum Schluss fädelst du die Schnur durch die Löcher der Melonenstücke, sodass eine Art Melonenkette entsteht, die du aufhängen kannst. Damit nichts verruscht, kannst du die Stücke mit Klebeband an der Schnur fixieren. Viel Spaß beim Sommerfest!

Sie lassen sich leicht basteln und machen sich gut auf jedem Sommerfest, ganz egal, ob im Zimmer oder im Garten gefeiert wird.

PUH, IST DAS HEIß!

Unsere Körpertemperatur bleibt immer gleich, im Sommer wie im Winter. Wird es draußen sehr heiß, fangen wir an zu schwitzen. Die Schweißdrüsen in unserer Haut sondern Wasser ab, das an der Luft verdunstet. Durch die sogenannte Verdunstungskälte kühlt sich der Körper ab.

KÜHLT VERDUNSTENDES WASSER WIRKLICH AB?

DU BRAUCHST: 1 Zimmerthermometer, 1 nasses Papiertaschentuch, 1 Föhn

SO GEHT'S: Schreibe vor Versuchsbeginn die Temperatur auf, die das Thermometer anzeigt. Wickle das nasse Papiertaschentuch um den unteren Teil des Thermometers. Schalte den Föhn auf niedrigste Stufe (kalt) und richte den Luftstrom einige Minuten gegen das nasse Tuch. Schalte den Föhn aus und lies das Thermometer ab. Schreibe die Temperatur auf.

WAS PASSIERT? Die Temperatur ist gesunken.

WARUM? Wenn der Föhn gegen das nasse Taschentuch bläst, fängt es an zu trocken. Das Wasser verdunstet, der Wasserdampf steigt in die Luft auf. Beim Verdunsten verbraucht das Wasser Wärme. Man spürt das, wenn man nach dem Baden aus dem Wasser steigt. Das Wasser auf der Haut verdunstet und entzieht ihr Wärme. Verdunstendes Wasser kühlt also tatsächlich ab!

BEI HITZE: MAUL AUF UND ZUNGE RAUS

Die Schweißdrüsen der Hunde liegen vor allem an den Ballen unter den Pfoten. Sie reichen aber nicht aus, um den Köper bei Hitze abzukühlen. Wichtiger ist das Hecheln: Der Hund lässt dabei die Zunge aus dem Maul hängen, gleichzeitig atmet er durch die Nase ein und durch das Maul schnell wieder aus. Dabei verdunstet viel Flüssigkeit (Speichel). Durch die entstehende Verdunstungskälte wird der Körper des Hundes abgekühlt.

FRISCH ABGELECKT

Katzen schwitzen wie Hunde nur an bestimmten Körper-
stellen, zwischen den Zehen- und Sohlenballen, an den
Lippen, am Kinnwinkel, an den Zitzen und rund um den
After. Wird es ihnen zu heiß, begeben sie sich an ein kühles
Plätzchen, lecken ihr Fell ab oder hecheln wie ein Hund.

GLEICHWARM

Vögel halten wie wir Menschen und Säugetiere (z. B. Hund,
Katze, Pferd) immer die gleiche Körpertemperatur aufrecht,
egal wie warm oder kalt es ist. Aber nicht jedes gleichwar-
me Tier hat dieselbe Körpertemperatur: Bei Menschen liegt
sie normalerweise bei rund 37°C, bei Pferden ein Grad mehr,
bei Hunden sind es 39°C und bei Vögeln sogar bei 42°C.

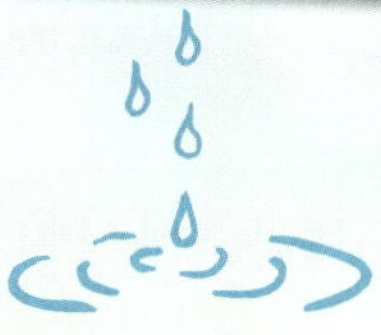

HITZETRICKS DER VÖGEL

Vögel können nicht schwitzen. Wenn es ihnen zu warm ist, fliegen sie an ein schattiges
Plätzchen und bleiben einfach still sitzen. Manche breiten ihre Flügel aus, damit der Wind
sie abkühlen kann. Manche Vögel sperren bei Hitze ihren Schnabel auf und atmen schnell
ein- und aus, d. h. sie hecheln ähnlich wie ein Hund. Pfützen oder ein Vogelbad sind im
Sommer zur Abkühlung und als Durstlöscher sehr beliebt. So kannst du Vögeln helfen:

EINE BADESTELLE FÜR GARTENVÖGEL EINRICHTEN

DU BRAUCHST: einen großen Topf-Untersetzer, einen großen Stein und Wasser

SO GEHT'S: Lege den Untersetzer an ein schattiges Plätzchen und stelle den Stein als Lande-
platz an die Seite. Achte darauf, dass der Platz rundherum übersichtlich für die Vögel ist, damit
sie keine Katze überraschen kann. Fülle nun Wasser in das Vogelbad. Eine Wasserstelle für Vögel
ist wichtig, denn auch sie müssen bei Hitze im Sommer viel trinken. Das Wasser bietet ihnen außerdem eine willkommene Abkühlung. Damit sich im Vogelbad keine Krankheitserreger tummeln,
solltest du das Wasser täglich neu einfüllen.

SONNENBADENDE EIDECHSEN

Hast du schon mal Eidechsen gesehen? Sie brauchen es schön warm. Du kannst sie in Mager- und Trockenwiesen, an Straßenböschungen, Bahndämmen oder an sonnigen Waldrändern finden. Besiedelt werden aber auch Naturgärten, in denen keine Gifte zur Schädlingsbekämpfung eingesetzt werden. Zur Nahrungssuche bewegen sich die Tiere flink am Boden oder klettern auf Mauern. Ihre Beute sind Kleintiere wie Insekten, Spinnen, Würmer oder Asseln.

Zauneidechsen sonnen sich gern. Weil Steine und Hölzer von der Sonne schnell aufgewärmt werden und sie die Wärme auch gut speichern, kannst du hier Zauneidechsen bei schönem Wetter besonders gut beobachten. Vermeide aber schnelle Bewegungen, sonst haben sie sich blitzschnell verkrochen!

Die Zauneidechse wird bis zu 27 cm lang. Die schuppige Haut weist auf der Oberseite eine Zeichnung auf. Beim Weibchen verlaufen auf bräunlicher Grundfarbe hellere Längsstreifen mit dunklen Flecken und hellen Augenpunkten. Männchen sind vor allem an den Seiten grünlich gefärbt, die Rückenzeichnung ähnelt der der Weibchen.

Wie alle Reptilien (Kriechtiere) sind Zauneidechsen wechselwarm, das heißt, ihre Körpertemperatur passt sich der Temperatur der Umgebung an. Wenn es warm ist, sind die Tiere beweglich und aktiv, im Winter fällt ihr Körper in Kältestarre. Paarungszeit ist Ende April. Das Weibchen gräbt die weichschaligen Eier in besonnten Bodenstellen ohne Pflanzenwuchs und mit lockerem, sandigem Erdreich ein. Die 5-6 cm langen Jungen schlüpfen nach etwa zwei Monaten, meist im Juni oder Juli.

STEINHAUFEN FÜR EIDECHSEN

DU BRAUCHST: Platz im Garten, Spaten, unterschiedlich große Natursteine (Länge/Durchmesser 10-20 cm)

SO GEHT'S: Suche im Garten ein sehr sonniges, ruhiges Plätzchen aus, gern in der Nähe eines Strauchs oder einer Hecke. Bitte einen Erwachsenen mit einem Spaten eine 1 x 1 m große und 30 cm tiefe Mulde auszuheben. In diese Mulde schichtest du Natursteine auf, die du in der Umgebung, zum Beispiel in einem Flussbett, gefunden hast. Achte darauf, dass Zwischenräume zwischen den Steinen entstehen, in denen Eidechsen und andere wärmeliebende Tiere, die sich später auf den Steinen sonnen, bei Gefahr Unterschlupf finden.

ERDE IST NICHT GLEICH ERDE

Der Boden bildet die oberste Schicht der Erdkruste. Er enthält mineralisches und organisches Material (d. h. Stoffe aus Kohlenstoffverbindungen), Luft, Wasser und Lebewesen. Das organische Material nennt man „Humus". Es setzt sich zusammen aus verwittertem Laub, Pflanzenteilen, Rückständen und Abbauprodukten von Tieren und Mikroorganismen wie Bakterien oder Pilzen, die im Boden leben. Hast du dir den Boden im Wald schon einmal angeguckt? Er sieht ganz anders aus als der Boden im Garten oder auf einem Acker. Willst du Wald- und Ackererde einmal vergleichen?

BÖDEN UNTERSUCHEN

DU BRAUCHST: Gartenhandschuhe, Spaten, 2 Plastiktüten, Ackererde, Walderde, Zeitungspapier, Stift, Lupe

SO GEHT'S: Grabe im Wald und am Acker 20-30 cm tief in den Boden und fülle von jedem Bodentyp in jede Plastiktüte etwas Erde. Beschrifte die Tüten. Schütte daheim dann die Erdproben getrennt voneinander auf Zeitungspapier. Beschrifte auch die Zeitung. Vergleiche die beiden Erdproben mit der Lupe.

WAS PASSIERT? Du wirst im Waldboden viel mehr Humus finden. Die Zusammensetzung von Böden ist immer vom Untergrundgestein, vom Klima, vom Pflanzenwuchs und der Nutzung abhängig. Humusreiche Böden wie Waldböden können sehr viel mehr Wasser speichern als z. B. Ackerböden.

WO GIBT ES KEINE BÖDEN?

Bodeneigenschaften können sich ändern, weil die Böden der Sonne, dem Regen und dem Wind ausgesetzt sind, weil Pflanzen auf ihnen wachsen, weil Tiere ihn zertreten oder der Mensch Nutzpflanzen auf ihnen anbaut. Auf sehr steilen Hängen und dort, wo eine sehr große Höhenlage und ein sehr kaltes Klima den Pflanzenwuchs verhindern, gibt es keine Böden, sondern nur Gestein.

Regenwürmer leben in röhrenförmigen Gängen in der Erde oder in verwesendem Pflanzenmaterial. Sie graben sich durch den Boden und fressen Erde. Die in der Erde enthaltenen Pflanzen- und Tierreste nutzt der Regenwurm als Nahrung, die Erde scheidet er wieder aus. So lockern Regenwürmer den Boden auf und durchlüften ihn. Pflanzen können nun viel besser wachsen.

LEHM ALS BAUSTOFF

DU BRAUCHST: alte Kleidung, Schaufel, Eimer, Nudelholz, Sprühflasche mit Wasser, glatte Unterlage, Schablonen, Zahnstocher (zum Ritzen und für einen Igel), Naturmaterialien wie Rinde, Steinchen, Muscheln, …

SO GEHT'S: Damit Lehm geschmeidig wird, musst du ihn erst einmal mit Wasser durchkneten, am besten machst du das draußen in einem Eimer. Nun kannst du ihn rollen, pressen, mit Schablonen Formen hineindrücken oder mit Steinchen, Muscheln verzieren … Du kannst auch etwas aus Lehm formen. Wie wäre es mit einem Igel als Briefbeschwerer? Trockne deine Werke 1-2 Wochen in der Sonne, drehe sie immer wieder.

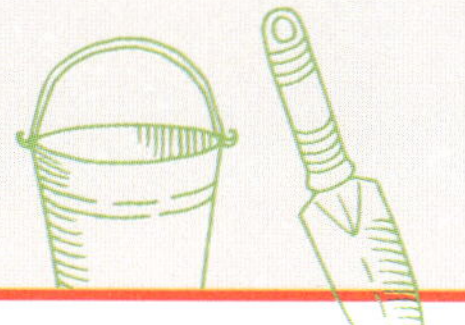

Lehm ist eines der ältesten Baumaterialien. Du findest ihn an Bächen, Seeufern oder in tiefen Baugruben. Feuchte einen Klumpen Erde an. Lässt er sich gut formen und krümelt nicht, ist es Lehm. Klappt es nicht? In manchen Kieswerken kann man Lehm kaufen.

Gefällt es dir auch, an heißen Sommertagen Schuhe und Strümpfe auszuziehen und durch kühle Bäche zu laufen? Steinchen oder Schlamm zwischen den Zehen zu spüren? Bäche sehen überall anders aus. Manche fließen langsam, andere schnell oder sogar reißend. Das Gewässerbett ist mal breit, mal schmal, der Gewässergrund schlammig oder steinig, die Ufer sind von Bäumen gesäumt oder ganz ohne Bewuchs.

Die Pflanzen und Tiere, die in dem jeweiligen Bach leben, sind an die dort herrschenden Lebensbedingungen angepasst. Strömungsgeschwindigkeit, Wasserführung, Wassertemperatur, Pflanzenwuchs, Beschattung und das Angebot an passenden Kleinstlebensräumen auf dem Gewässergrund (z. B. Steine, Holz, Laub am Boden des Gewässers) entscheiden darüber, welche Pflanzen und Tiere hier leben. Je vielfältiger die Lebensbedingungen im Gewässer sind, desto mehr Arten können dort leben.

Im Wasser auf und zwischen Wasserpflanzen oder in den Wurzelbärten von Uferpflanzen verstecken sich gern Flohkrebse, aber auch Libellenlarven (vgl. auch S. 86). Wasserwanzen und Wasserkäfer suchen auf und zwischen den Blättern Schutz vor Fressfeinden.

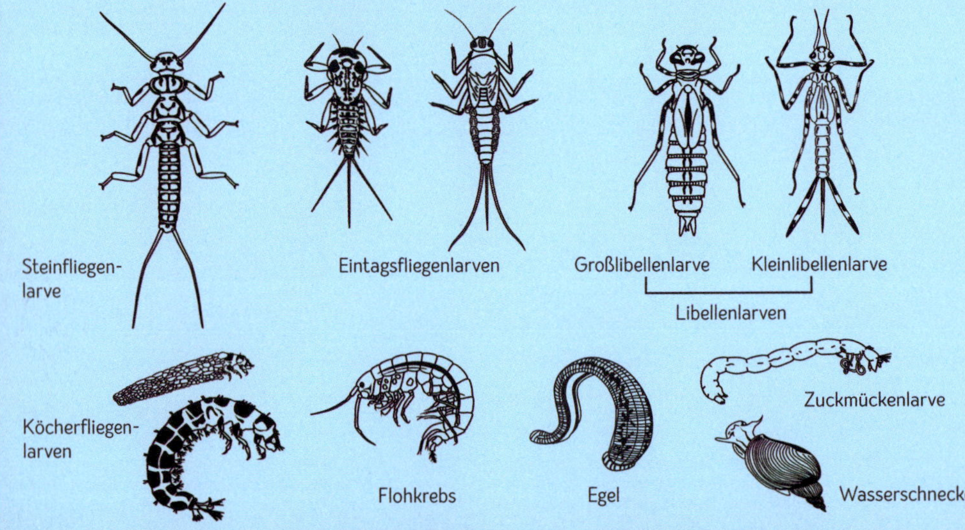

BÄCHE ERFORSCHEN

Im Uferbereich von Fließgewässern gibt es die unterschiedlichsten Wohn- und Aufenthaltsorte von im Wasser lebenden Kleintieren.

Auf der Unterseite von Steinen und im Lückensystem zwischen den Steinen in Fließgewässern findest du die Larven von Köcher-, Eintags- und Steinfliegenarten, aber auch Schnecken, Egeln und Plattwürmern. Im Schlamm leben kleine Würmer, Mückenlarven sowie einige Eintagsfliegen- larven, Schnecken oder Muscheln.

Zwischen verrottenden Laubblättern findet man vor allem Wasserbewohner, die sich von abgestorbenem Pflanzenmaterial ernähren, darunter auch Flohkrebse.

STOPP

Geh aber nie allein und immer auch in Begleitung eines Erwachsenen los. Sucht euch ein flaches Gewässer, das nicht zu schnell fließt, damit alles ungefährlich bleibt und ihr schön Spaß habt.

Ab in die Wanne
Fülle Bachwasser in eine flache Wanne und lege dort die gefundenen Tierchen vorsichtig ab. Nun kannst du sie einige Minuten beobachten. Schütte das Wasser samt Tierchen aber danach wieder vorsichtig an die Stelle zurück, wo du sie gefunden hast.

83

DAS LEBEN AM WALDWEIHER

Waldweiher mit ihren Wasserpflanzen, den abwechslungsreichen Ufern und Röhrichtzonen sind wertvolle Lebensräume für Amphibien, Libellen und Wasservögel. Wasservögel suchen am Ufer nach einem geschützten Plätzchen für ihr Nest. Ab Mai schlüpfen die ersten Libellen und zeigen ihre Flugkünste. Grasfrösche wandern schon im Frühjahr, Molche etwas später ab Mai aus ihren Winterquartieren im angrenzenden Wald an den Weiher, um sich dort zu paaren und im Wasser Eier (Laich) abzulegen.

BERGMOLCHE AUFSPÜREN

DU BRAUCHST: Gummistiefel, 1 Küchensieb oder 1 Kescher, 1 leeres Marmeladenglas

SO GEHT'S: Fülle zuerst Wasser aus dem Gewässer in das Glas. Streife mit dem Küchensieb bzw. Kescher in einem Waldtümpel durch Wasserpflanzen oder in Stillwasserbuchten eines Quellbachs durch Wurzelbärte am Ufer. Hast du ein Tier gefangen, kannst du es ins Marmeladenglas geben und genauer beobachten. Setze es anschließend wieder vorsichtig in sein Wohngewässer zurück.

Ausgewachsene Bergmolche sind 8-10 cm lang. Der Bauch ist orangefarben und ungefleckt, der Rücken grau. Während der Paarungszeit nimmt der Rücken der Männchen eine blaue Färbung an. Molche zählen neben Fröschen und Kröten zu den Amphibien. Zwischen Pflanzen im Wasser legt das Molchweibchen Eier ab. Aus ihnen schlüpfen nach 2-4 Wochen Molchlarven, die sich innerhalb von ein bis vier Monaten zu vierbeinigen Landtieren entwickeln. Im August oder September ist die Verwandlung abgeschlossen.

PFLANZEN STEHEN NICHT AUF DEM SPEISEPLAN

An Land besteht die Nahrung des Bergmolchs aus Insekten, Würmern, Asseln und Spinnen. Im Wasser ernährt er sich von Wasserinsekten(larven), Kleinkrebsen und Würmern. Auch ältere Molchlarven fressen ausschließlich tierische Nahrung (z. B. Wasserflöhe).

Vorsicht! Wenn du an Gewässern Tiere beobachten und Molche fangen willst, musst du erst den Untergrund erkunden. Denn du willst doch nicht im sumpfigen Boden einsinken oder ins Wasser fallen. Lass dich deshalb bei deinen Streifzügen unbedingt von einem Erwachsenen begleiten!

Bergmolchlarve mit Außenkiemen am Kopf

Kennzeichen von Amphibien

- Sie haben eine wasserdurchlässige, feuchte Haut.

- Sie atmen als Larven mit Kiemen, als ausgewachsene Tiere mit Lungen und über die Haut.

- Sie legen Eier (oder Larven) ins Wasser ab. Die Befruchtung erfolgt meist im Wasser.

- Die aus den Eiern schlüpfenden Larven haben eine fischähnliche Gestalt.

FLUGAKROBATEN

An Bächen, Teichen, Seen und Fließgewässern kannst du bei warmem Wetter Libellen fliegen sehen. Achte auf die beiden Flügelpaare: Sie sind schmal, meist durchsichtig, von Adern durchzogen und können unabhängig voneinander bewegt werden. Ihre Beute (z. B. Mücken) jagen Libellen im Flug. Gehe doch mal mit einer Kamera los und mache Fotos von den bunt schillernden Insekten! Keine Angst, auch wenn sie eine so beeindruckende Größe haben, sind sie völlig harmlos.

Ihren Kopf können Libellen vollständig drehen und mit ihren riesigen Facettenaugen in alle Richtungen sehen. Das hilft ihnen beim Beutefang. Außerdem haben sie dadurch die Chance, Feinden flink zu entkommen.

Blaue Federlibellen

Die Blaue Federlibelle nutzt Still- und Fließgewässer zur Eiablage. Dabei bleiben Männchen und Weibchen zusammen. Das Weibchen legt mit angekoppeltem Männchen bis zu 200 Eier an einer Wasserpflanze ab. Das dauert oft bis zu 45 Minuten!

Die später aus den Eiern geschlüpften Larven überwintern im Gewässer. In der Larvenhaut (Exuvie) entwickelt sich nach und nach ein flugfähiges Insekt. Die ausgewachsenen Libellen schlüpfen aber erst im Frühjahr des nächsten Jahres.

DIE ENTWICKLUNG DER LIBELLEN

Die Blaugrüne Mosaikjungfer fliegt zwischen Juli bis Oktober und erreicht Flügelspannweiten von 9,5 bis 11 cm. Die Weibchen legen ihre Eier in Wasserpflanzen oder an Holzstücken am Ufer von Stillgewässern ab. Die Larven ernähren sich von kleinen Wassertieren wie z. B. Mückenlarven. Die flugfähige Libelle jagt kleinere Fluginsekten, die mit den langen Beinen eingefangen und von den kräftigen Kiefernzangen zerkleinert werden.

Die Entwicklung der Larven, die im Gewässer überwintern, dauert zwei bis drei Jahre. Wächst die Larve, häutet sie sich. Bei der letzten Häutung platzt die Rückennaht auf. Die Libelle zwängt zuerst den Oberkörper, dann Beine und Hinterleib heraus, klettert an Wasserpflanzen empor und verlässt das Gewässer. Die leeren Larvenhüllen sind am Ufer von Weihern und Teichen manchmal zu finden.

LIBELLEN SIND FLUGKÜNSTLER

Sie können im Flug die Richtung schnell ändern oder auch einfach rückwärts fliegen. Manchmal stehen sie wie ein Hubschrauber in der Luft. Sie richten dabei ihre Flügel so aus, dass sie damit Auftrieb kriegen. Dann ziehen sie sie in einer Drehbewegung durch, bis es nicht mehr weitergeht. Schließlich klappen sie den Flügel um und drehen ihn dieselbe Strecke wieder zurück. Sekundenschnell geht das.

WER BAUT DAS SCHÖNSTE BOOT?

In Pfützen oder am Ufer von ruhigen, sehr flachen Gewässern kannst du im Sommer Papierboote schwimmen lassen.

EIN PAPIERBOOT FALTEN

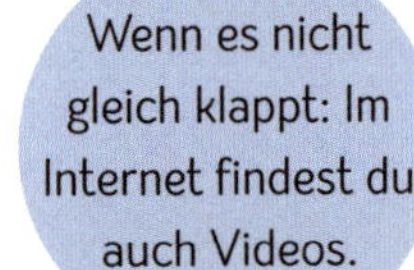

DU BRAUCHST: 1 A4-Blatt

SO GEHT'S:

1. A4-Blatt nach unten falten. Das Papier so legen, dass die Öffnung nach unten zeigt.

2. Zwei Ecken zur Mitte falten, sodass unten ein Rand überstehen bleibt.

3. Den überstehenden Rand auf beiden Seiten jeweils nach oben falten.

4. Eine Ecke des Rands nach vorn falten, die andere nach hinten.

5. Dreieck öffnen. Ecken aufeinanderlegen, sodass ein Quadrat entsteht.

6. Untere Ecken des Quadrats nach oben falten.

7. Es entsteht ein Dreieck.

8. Ecken des Dreiecks zusammendrücken.

9. Obere Spitzen auseinanderziehen. Fertig!

Wenn es nicht gleich klappt: Im Internet findest du auch Videos.

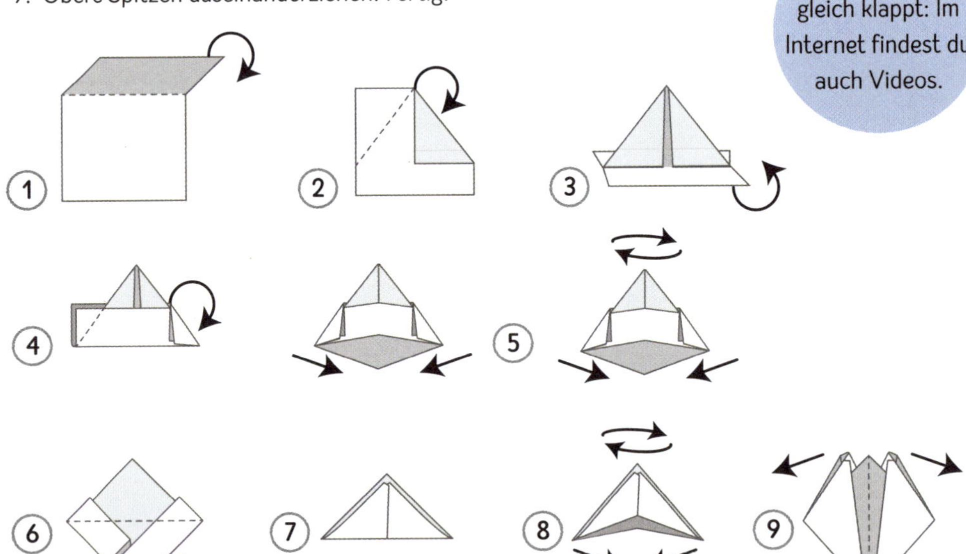

SCHNELLES BOOT AUS STYROPOR

Stecke einen dünnen Ast oder einen Zahnstocher auf ein flaches
Stück Styropor. Befestige daran ein Blatt als Segel, am einfachsten
mit Klebeband. Achte darauf, dass das Styropor nicht abtreibt.
Wenn du an dein Boot eine Schnur bindest, kannst du mit ihm
„spazieren gehen", es schwimmt dir ja nicht davon. Besonders lustig
ist es, wenn ein leichter Wind weht.

Sollte dein Boot irgendwann kaputt sein, entsorge es bitte im
Plastikmüll!

Achtung! Wenn ihr noch nicht schwimmen
könnt, solltet ihr nur in Begleitung eines
Erwachsenen am Wasser spielen! Denn auch
in flachen Gewässern kann man ertrinken!

WENN ES BLITZT UND KRACHT ...

Was ist los? Mitten am Tag wird es dunkel, am Himmel ballen sich schwarze Wolken zusammen, der Wind bläst kühl und kurze Zeit später klatschen schwere Tropfen auf den Boden. Blitze zucken, gefolgt von einem Donnergrollen. Ein Gewitter zieht auf! Ein aufregendes Erlebnis, wenn du in Sicherheit bist. Aber wie bilden sich eigentlich Gewitter? Und wie entstehen Blitze?

BLITZE IM ZIMMER

DU BRAUCHST: 1 Kamm aus Plastik, 1 Türknauf aus Metall, 1 Wollpullover oder Wollschal, verdunkeltes Zimmer

SO GEHT'S: Reibe in einem abgedunkelten Zimmer den Kamm über den Wollpullover. Halte den Kamm sofort an den Türknauf.

WAS PASSIERT? Es entsteht ein Funke.

WARUM? Der Kamm wird durch Reibung an Wolle elektrisch geladen. Wenn die Ladung auf den Türknauf übergeht, bildet sich ein Funke.

EIN GEWITTER KOMMT

Die warme Luft am Boden steigt auf und drückt gegen die über ihr liegenden Luftschichten. So entstehen Strömungen: In der Mitte steigt warme Luft auf, während seitlich kalte Luft absinkt. Wenn beide Luftschichten feucht sind, können sich Gewitterwolken bilden. An der Oberseite der Wolke ist die Luft wegen der großen Höhe sehr kalt. Die Tröpfchen gefrieren und werden zu Hagelkörnern. Wenn sie zu schwer werden, fallen sie als Regen oder Hagel auf die Erde.

BLITZ UND DONNER

Blitze sind riesige elektrische Funken am Himmel. Sie werden durch starke Winde in Gewitterwolken verursacht. Wolkenteilchen wirbeln durcheinander und werden elektrisch aufgeladen. Schwere, negativ geladene Teilchen sinken in der Wolke ab, positiv geladene steigen auf. So entstehen Ladungsunterschiede an der Wolke. Wird die elektrische Ladung der Wolken zu stark, entsteht ein Blitz. Dabei werden die Ladungen auch auf die Erdoberfläche übertragen.

Wenn es am Himmel blitzt, erwärmt sich die Luft in der Umgebung des Blitzes und dehnt sich „blitzartig" aus. Die bewegte Luft erzeugt einen Knall. Man hört den Donner.

Ist das Gewitter nah oder noch weit weg? So kannst du das ausrechnen: Zähle direkt nach einem Blitz die Sekunden, die zwischen Blitz und Donner liegen. Teilst du sie durch 3, weißt du, wie viele Kilometer der Blitz entfernt ist. Beispiel: 9 Sekunden gezählt, geteilt durch 3 ist 3. Das Gewitter ist ungefähr 3 km entfernt, also ganz schön nah!

Fahrrad fahren bei Gewitter ist gefährlich!

GEWITTER-REGELN

- Am besten sofort Schutz in Gebäuden oder in einem Auto suchen, Fenster schließen. Auch eine Höhle kann schützen.

- Weg von Gewässern, Pools, Meer und Sümpfen. Nicht duschen oder baden.

- Im Wald morsche oder besonders hohe Bäume meiden. Am besten nie unter Bäumen stehen.

- Sehr gefährlich sind Baumgruppen, Hügel, Aussichtstürme, Masten, Metallzäune und Gitter!

- Fahrräder können Blitze leiten, daher abstellen und mindestens 3 m Abstand halten.

- Auf offenem Feld mit eng zusammengezogenen Füßen in die Hocke gehen, Arme um die Knie schlingen und den Kopf zwischen die Knie legen. Abstand zu anderen Menschen halten.

- Wichtig: Immer den Himmel im Blick haben. Werden Gewitterwolken rechtzeitig erkannt, dann bleibt genügend Zeit, sich vor dem Gewitter in Sicherheit zu bringen.

STERNSCHNUPPEN

Schau mal nachts im August, wenn der Himmel klar und wolkenlos ist, an den Himmel. Vielleicht siehst du dann helle, in der Dunkelheit kurz aufzuckende Linien. Das sind Sternschnuppen! Mach schnell die Augen zu und wünsch dir was!

Die hellen Streifen sehen so aus, als würden Sterne vom Himmel fallen. Was wir sehen, sind aber gar keine stürzenden Sterne, sondern Lichterscheinungen, die entstehen, wenn ein kleines Teil aus dem All beim Flug zur Erde verglüht.

Ein Komet (Schweifstern) besteht aus Gas und kleineren Eis- und Steinbrocken. Diese Teilchen verteilen sich im Laufe der Zeit entlang seiner Umlaufbahn und bilden einen Meteoroidenstrom. Auf einer solchen Bahn sind wie in einem Schneegestöber ganz viele Staubkörner und Steinchen unterwegs.

Der Planet Erde ist von einer Gashülle umgeben, der Atmosphäre. Wenn Meteoroiden mit hoher Geschwindigkeit in unsere Erdatmosphäre eindringen, leuchten sie kurz als Meteor (Sternschnuppe) auf und verglühen. Wie bei einer Autofahrt durch ein Schneegestöber, wo es dir vorkommt, als ob Schneeflocken aus einem Punkt herausströmen und rechts, links, oben und unten an uns vorbeiziehen, haben wir dabei den Eindruck, dass die Sternschnuppen alle aus einem Punkt am Himmel kommen.

Die **Erde** ist ein Planet, der wie andere Planeten (Merkur, Venus, Mars, Jupiter, Saturn, Uranus, Neptun) die Sonne in einer ovalen Bahn umkreist. Zwischen Mars und Jupiter verläuft ein Asteroidengürtel (planetenartige Kleinkörper).

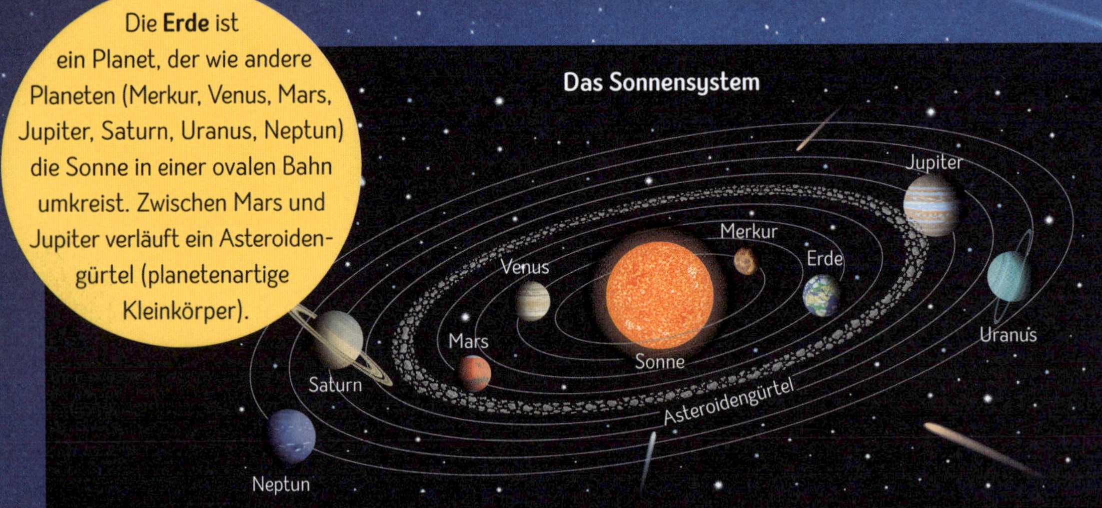

Asteroiden

Kleinkörper,
die größer als
Meteoroiden
sind und aus
Gestein und
Metall bestehen

Kometen

Schweifsterne,
Himmelskörper
aus Gas und
kleineren Eis-
und Steinbro-
cken

Meteore

kleine Staubkörner;
gelangen sie in die
Lufthülle der Erde,
erhitzen sie sich
durch die Reibung mit
der Luft stark und
verglühen: Du siehst
sie als helle Linien am
Nachthimmel – die
Sternschnuppen. Me-
teore stammen meist
von Kometen.

Meteoriten

ehemalige
Meteore, die
auf der Erde
einschlagen

Feuerbälle

besonders helle
Meteore; diese
Schnuppen
können sogar
etwas donnern,
das ist aber
sehr selten

Meteoroiden

Kleinkörper,
die kleiner als
Asteroiden sind;
sie ziehen neben
Planeten und
Monden ihre
Bahnen

Es gibt ganz besondere „Sternschnuppennächte": Streiche dir im Kalender z. B. den 11. und 12. August an.
In dieser Zeit ist der Meteorstrom der Perseiden zu sehen. Dabei sausen sehr viele Sternschnuppen über
den Nachthimmel, denn dann befindet sich die Erde in der Nähe einer Kometenbahn. Die Chancen stehen
gut, dass du einige davon siehst! Mach es dir doch mit deinen Eltern und Geschwistern draußen gemütlich,
am besten mit Picknickdecke und Kissen oder Liegestuhl. Das ist ein richtiges Abenteuer. Und jeder von
euch darf sich abwechselnd etwas wünschen. Den Wunsch aber nicht verraten!

SONNENWENDE

Bei uns in Europa verändert sich die Natur im Lauf des Jahres. Im Frühjahr sprießen die Pflanzen, Laubbäume blühen und entfalten die ersten grünen Blätter, Samen keimen aus. Im Sommer grünt und blüht es überall in Wald und Wiese. Im Herbst reifen die Früchte, die Blätter der Laubbäume fallen ab. Im Winter ruht die Natur unter einer dicken weißen Schneedecke, bis die Frühlingssonne den Schnee zum Schmelzen bringt und der Kreislauf von vorn beginnt.

Planet Erde
Unsere Erde ist ein Planet, der die Sonne während eines Jahres einmal umkreist. **Tag und Nacht** entstehen, weil die Erde nicht nur die Sonne umrundet, sondern sich gleichzeitig jeden Tag einmal in 24 Stunden um ihre eigene Achse dreht.

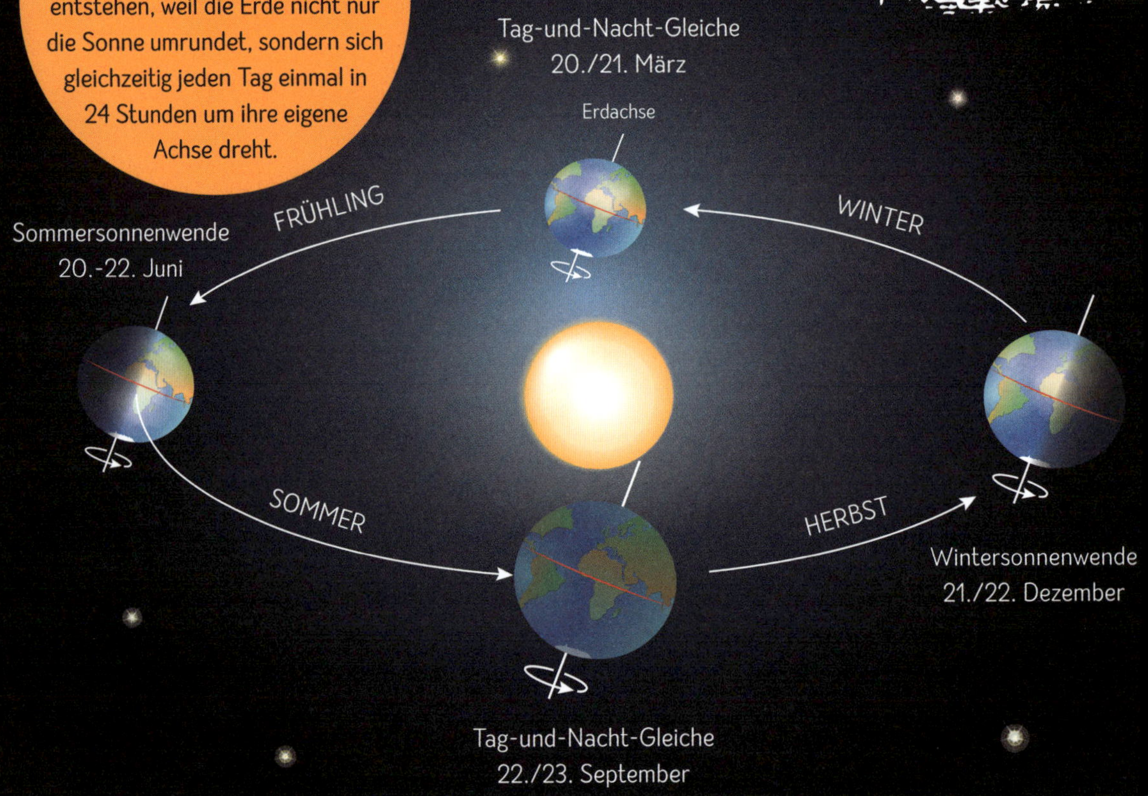

JAHRESZEITEN

Sie entstehen, weil die Erdachse nicht senkrecht zu ihrer Umlaufbahn um die Sonne steht, sondern geneigt. Auf manche Bereiche der Erde fallen die Sonnenstrahlen senkrecht, auf andere schräg ein. Bei uns, in den mittleren Breiten der **Nordhalbkugel**, fallen z. B. im Winter die Lichtstrahlen der Sonne nur noch schräg und damit abgeschwächt ein. Am Äquator, der (im Bild roten) Linie, die die Nord- von der Südhalbkugel trennt, gibt es keine Jahreszeiten. Hier ist es immer heiß, denn die Lichtstrahlen treffen das ganze Jahr über senkrecht auf.

Zwischen dem 20. und 22. Juni, zur **Sommersonnenwende**, erreicht die Sonne mittags auf der Nordhalbkugel ihren höchsten Stand, die Sonnenscheindauer ist am längsten. Danach werden die Tage allmählich wieder kürzer, die Nächte länger. Sechs Monate später, zur **Wintersonnenwende** am 21./22. Dezember, erreicht die Sonne ihren niedrigsten Stand: Sie geht spät auf und früh wieder unter. Von nun an werden die Tage allmählich wieder länger. Am 20./21. März und am 22./23. September sind Tag und Nacht gleich lang.

WEISSE NÄCHTE

Von Mai bis Mitte Juni geht die Sonne in den Ländern nördlich des Polarkreises (z. B. Schweden, Finnland) nur für kurze Zeit unter, nachts ist es dort die meiste Zeit taghell.

Die **Sommersonnenwende** wird in vielen Ländern gefeiert. In Schweden stellt man schon am Vorabend einen geschmückten Baumstamm auf, am nächsten Tag tanzen die Menschen um den Stamm herum. Wenn die Mittsommernacht ins Morgengrauen übergeht, laufen sie oft barfuß durch von Tau bedeckte Wiesen, das soll gut für die Gesundheit sein. In Deutschland werden in der Johannisnacht Feuer angezündet, und um das Feuer wird getanzt. Früher glaubten die Menschen nämlich, mit dem Feuer böse Geister, die Unheil und Krankheiten verursachen können, zu verscheuchen oder Unwetter abwenden zu können.

KENNST DU SCHON DIE ANDEREN EXPEDITION NATUR-BÜCHER?

Bärbel Oftring
Das Becherlupen-Forscherbuch
ISBN 978-3-89777-577-0
€ 9,95

Anita van Saan
Das Wasser-Forscherbuch
ISBN 978-3-89777-112-2
€ 12,95

Anita van Saan
Das große Winterbuch
ISBN 978-3-89777-977-8
€ 12,95

Bärbel Oftring
Das Mikroskop-Forscherbuch
ISBN 978-3-89777-141-2
€ 12,95

Martin Verg
Von hier nach dort
ISBN 978-3-89777-548-1
€ 12,95

Weitere Artikel erhältlich im gut sortierten Buch- und Spielwarenhandel oder unter www.moses-verlag.de.